CÔTE D'AZUR

•MONACO •NICE •CANNES

•SAINT TROPEZ •TOULON

Forteresse Crémat

Baltasar Rodríguez Oteros

Copyright

Coté d,Azur, Monaco, Nice, Cannes...

Published by Baltasar Rodriguez Oteros at Kindle

INDICE

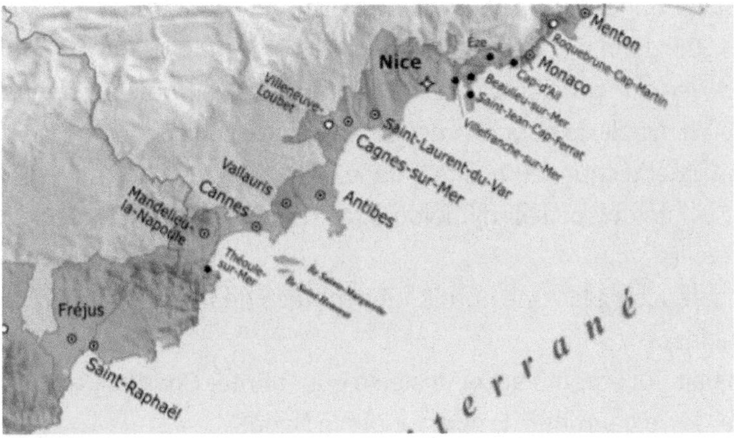

MONACO

Histoire

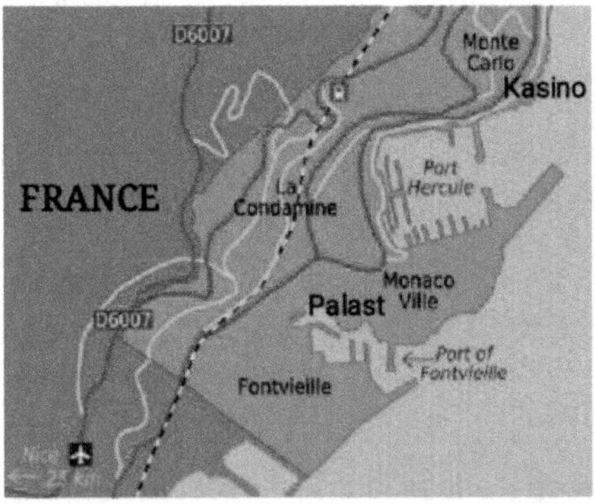

-Les Romains y ont fondé Portus Hercules Moneici, d'où dérive le nom actuel de Monaco.

-En 1191, la République de Gênes a construit une forteresse dans la région de Monte Carlo pour protéger la côte des pirates.

François Grimaldi, qui a soutenu le pape Innocent IV dans sa dispute contre l'empereur, a conquis le château de Monaco, déguisé en moine.

-Au XIVe siècle, Monaco défend son indépendance face à ses puissants voisins et noue une alliance solide avec la France.

-Au XVe siècle, le palais a été agrandi et les tours de Sainte-Marie, Media et Sur et le Cuarto de Guardia ont été construits.
-En 1505, Jean II a été assassiné par son frère Luciano et Monaco est devenu un protectorat de l'Espagne, et de l'empereur Charles V.
-Au XVIe siècle, la cour aux douze arches est édifiée, entourée d'une galerie supérieure, dite galerie d'Hercule, puisque les plafonds sont peints de scènes mythologiques représentant les travaux d'Hercule.
Les galeries de la zone nord sont décorées de fresques de Luca Cambiaso.
Le palais fut agrandi au XVIe siècle pour abriter Charles Quint, qui devait être couronné Empereur par le Pape.
La Tour de Tous les Saints et le Bastion de Serravalle sont construits, reliés entre eux par une galerie souterraine.Une gigantesque citerne d'eau de pluie est creusée sous la cour.
-En 1641, Monaco, avec le soutien de la France, expulsa les Espagnols et tomba sous la domination française jusqu'en 1814.
-Au XVIIe siècle, on construit la façade principale, qui donne sur la place, et les galeries vitrées supérieures, pour donner à l'édifice un aspect plus palatial, ainsi que la chapelle Saint Jean Baptiste, qui recouvre partiellement le Bastion Serravalle.
-Les princes de Monaco résident à la cour française de Versailles.
-Honorato II construit l'entrée principale, l'escalier en fer à cheval en marbre de Carrare, taillé dans un seul bloc de marbre, et la double cour principale, inspirée du palais français de Fontainebleau.
Le luxe et les dépenses excessives de la monarchie monégasque à cette époque provoquèrent la ruine de la Principauté au XVIIIe siècle.
Des années plus tard, les biens et les territoires du puissant cardinal Mazarin passèrent à Monaco.

Le Rocher

-Pendant la Révolution française, Monaco est déclaré territoire français et le Prince est emprisonné à la Bastille.
-Le Palais Grimaldi est transformé en hôpital militaire.Après la défaite de Napoléon, le palais est rendu à la maison royale de Monaco et d'importants travaux de reconstruction doivent être effectués en raison de l'importante détérioration.
La tour de Sainte-Marie et la chapelle ont été reconstruites, tandis que la salle de l'État a été décorée dans le style Renaissance.
-Charles III a ouvert le Casino et a construit un nouveau palais à Monte Carlo en 1878, où de riches marchands et des nobles de toute l'Europe ont dépensé leur fortune.
-Albert Ier, le roi voyageur, promeut la création en 1906 de l'Institut océanographique, en plus de l'Institut international de la paix, et d'un ballet à l'Opéra de Monte-Carlo.
-Après la Seconde Guerre mondiale, le prince Louis réside habituellement à Paris, et est remplacé par son petit-fils, Ranier III de Monaco, qui a opéré de profondes transformations en Principauté en reconstruisant entièrement la partie sud du Palais,

ce sont les pièces où réside la famille royale.

Dans la zone sud, il y a aussi le Musée Napoléonien et les Archives. Ranier III épouse Grace Kelly, une actrice américaine qui devient princesse et tente de faire de Monaco le siège de grandes entreprises et d'institutions financières, adaptant le littoral et les plages avec des hôtels et des maisons luxueuses pour promouvoir le tourisme. La princesse Grace est décédée en 1982 d'un accident de voiture.
Ranier III est décédé en 2005 et a été remplacé par son fils, le prince Albert II. Les salles de cérémonie officielles et la salle du trône sont ouvertes au public durant l'été.

Grand Casino de Monte-Carlo

Ce complexe comprend le Théâtre de Monte-Carlo et l'Opéra.
Il a été construit par Charles Garnier, architecte qui a conçu l'Opéra de Paris. Il est de style Beaux Arts, Second Empire Napoléon III, et ouvert en 1863.

En 1910, un théâtre a été construit.
Le circuit urbain du Grand Prix de Formule I de Monaco passe devant le casino.
Il a accueilli la grande finale de l'European Poker Tour.

Cathédrale Notre-Dame Immaculée
Elle a été construite entre 1875 et 1903 sur ce qui était l'église Saint-Nicolas du XIIIe siècle. La cathédrale est de style architectural néo-roman et le mausolée des monarques de la dynastie Grimaldi.
Ranier III et Grace Kelly, parents du roi, sont enterrés ici Albert II.
La façade avec un vitrail impressionnant et un relief du Christ comme roi des cieux se distinguent par les absides semi-circulaires et les deux tours de part et d'autre du déambulatoire.
Le retable de Saint Nicolas et le sépulcre de Sainte-Dévote, patronne de la Principauté (27 janvier).
De septembre à juin, les enfants de chœur de Monaco chantent lors de la messe dominicale à 10h00. M.

Palais Grimaldi

C'est la résidence officielle du Prince de Monaco.

Ancienne forteresse du XIIe siècle, elle a été le siège de la Maison royale des Grimaldi de 1297 à nos jours.

En raison de la petite taille de la Principauté, ce palais-forteresse a été une résidence royale ininterrompue pendant des siècles, chose unique dans toute l'Europe.

Symbole du glamour depuis le début du XXe siècle, elle est devenue une référence de la haute société mondiale depuis que l'actrice américaine Grace Kelly est devenue princesse de Monaco en 1956.

Il a deux étages et une galerie tout autour.

-La façade de style Renaissance couvre les anciens bâtiments fortifiés, les imposantes tours se détachent de la structure.

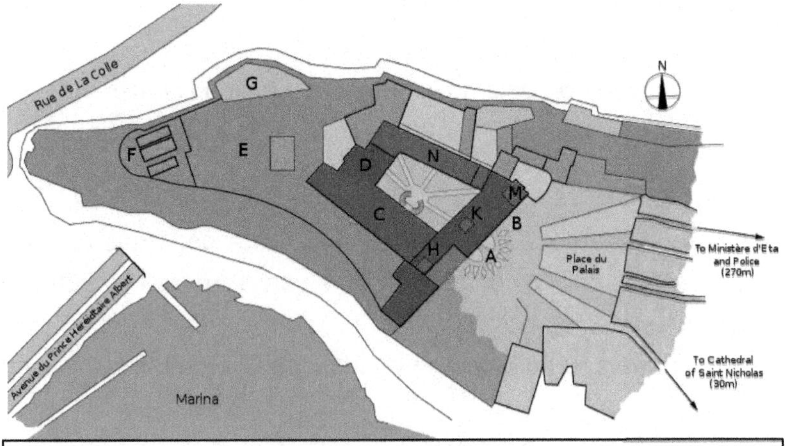

Palais de Monaco
A : Entrée B, C : Appartements d'apparat, double loggia et escalier en fer à cheval
D : Chapelle E : Piscine F : Tour de la Toussaint
G: Serravalle H : Tour Sud K : Tour du Milieu
M : Tour Sainte-Marie N : Bureaux administratifs

-Dans la partie intérieure, vous pouvez voir les structures médiévales, autour de la cour d'honneur.

L'intérieur du palais date du XVIe siècle, avec de petites extensions réalisées au XVIIIe siècle, qui copient le style du château de Versailles, en France. C'est dans le style architectural rococo.

-De la cour d'honneur, vous pouvez accéder à l'impressionnant escalier en fer à cheval qui mène à **la galerie d'Hercule et à la galerie des miroirs.** De là, vous entrez dans **la salle bleue,** où se trouvent des portraits de la famille Grimaldi et une vaste collection de lustres en verre de Murano.

-La salle du Trône de style Empire est la plus grande salle du Palais et toutes les cérémonies les plus solennelles s'y déroulent depuis le

XVIe siècle.
-Salle Mazarin.
Elle est recouverte de bois polychrome et y résida le puissant cardinal français Mazarin, qui appartenait à la famille Grimaldi.

Port Hercule

Situé dans le quartier de **la Condamine**, il a été construit au XXe siècle et s'étend sur 40 hectares, c'est le port d'arrivée des bateaux de croisière et des cargos.
Le film de James Bond, Golden Eye, joué par Pierce Brosnan, a été tourné ici.

Circuit de Monte-Carlo

Circuit urbain du Grand Prix de Formule 1 de Monaco.
Il a été construit en 1920. En raison de ses nombreuses courbes prononcées et les courtes lignes droites, ce tracé sinueux favorise la maîtrise des pilotes, c'est l'un des circuits les plus compliqués et les plus dangereux.
En bordure de l'église de Sainte-Dévote, remontez la Rue de Ostende jusqu'à la Place du Casino.
Dans une courte section, vous passez un tunnel sous une falaise où

se trouve l'hôtel Loews (actuel hôtel Fairmont Montecarlo).
Il continue sur une longue ligne droite jusqu'au port de Monaco.
Les ateliers sont situés sur L,autoroute de Niza, une ancienne avenue maritime, dos à la ligne d'arrivée.
Au cours des années successives, la disposition a été légèrement modifiée pour améliorer la sécurité.

Jardins de Saint-Martin

Situés à Monaco-Ville, l'un des quartiers de la principauté de Monaco, ils disposent d'une superficie de 1,1 hectare et d'un réseau de sentiers qui rejoignent l'emblématique **Rocher de Monaco**.

Dans la zone centrale du parc se trouve une statue en bronze de François Cogne et du Prince Albert Ier représenté en marin.

Plage du Larvotto

Il est situé au nord-est de Monte Carlo.

Le Centre de Congrès Grimaldi Forum est situé sur l'avenue maritime.

Avenue Princesse Grace, située le long de la plage de Larvotto, est l'une des rues les plus chères du monde pour vivre.

Le Jardin japonais est situé sur l'avenue Princesse Grace.

Ici se trouve la réserve sous-marine du Larvotto, qui abrite des herbiers de posidonie, authentiques forêts sous-marines de la Méditerranée.

◄ **Plage du Larvotto et Avenue Princesse Grace** ►

Musée Océanographique

Situé sur une haute falaise au bord de la mer, il a été construit en 1910 par Albert Ier de Monaco.Le célèbre vulgarisateur scientifique et biologiste marin, le professeur **Jacques Cousteau,** a été pendant de nombreuses années directeur de ce prestigieux musée.

À l'intérieur, sont conservées l'une des plus vastes collections au monde de faune et de flore marines, ainsi que des objets liés à la navigation et à l'utilisation de la mer dans la guerre, ainsi que de nombreuses maquettes de navires historiques de l'écosystème marin méditerranéen.

Musée Océanographique

NICE

Capitale de la Côte d'Azur (entre Hyères et Menton), elle est située à 25 km de **Monaco**, 30 km d'**Antibes** et de la frontière italienne, et à 40 km de **Cannes**.

Ses stations thermales et ses plages prestigieuses attirent un tourisme à fort pouvoir d'achat.
La ville conserve de fortes racines en Italie, car elle était liée dans ce pays jusqu'en 1860.

-Fondée par les Grecs au 4ème siècle avant JC, qui l'ont nommée Nike, en l'honneur de la déesse de la victoire.
-L'an 154 a. C. a été conquise par les Romains, qui ont pris la capitale de la Ligurie dans la ville voisine de Cemenelum, située sur la colline de Cimiez, qui est aujourd'hui l'un des quartiers de Nice. Dans le Parque de Olivos se trouve le site archéologique, mettant en évidence l'amphithéâtre romain, siège du festival international de jazz.
Après la chute de Rome, Nice est reprise par Byzance.
-En 1108, Nice devient la République de Ligurie.
Au XIIIe siècle, elle appartenait au royaume de Provence, et entre les XVIe et XVIIe siècles, elle passa sous la domination de la Savoie et de l'empire espagnol.
-En 1543, Nice est dévastée par le pirate turc Barberousse, allié du roi François Ier de France, bien que la forteresse résiste jusqu'à l'arrivée du Génois Andrea Doria.
Le roi de France Louis XIV rasa la ville en 1705 et détruisit la forteresse.
-En 1713, Nice, passe au pouvoir du Royaume de Sardaigne.
-En 1860, la France annexa définitivement la ville de Nice, alléguant le traité de Turin, par lequel elle promettait une aide militaire à la nouvelle Italie dans sa guerre contre l'Autriche, qu'elle ne fournira jamais.
Giuseppe Garibaldi, né à Nice, s'est opposé à la cession à la

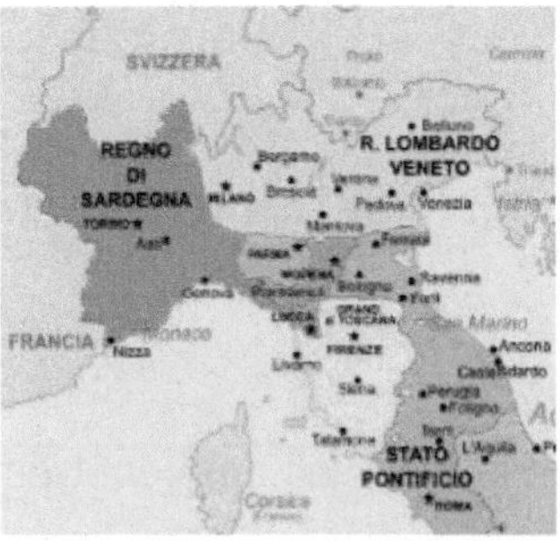

France, arguant que le référendum de ratification avait été truqué par les Français.

-En 1882, **Charles Garnier** construit l'Observatoire de Nice, avec l'aide de **Gustave Eiffel.**

-Depuis la fin du XIXe siècle, Nice est devenue un lieu de villégiature pour **la reine Victoria d'Angleterre** et de nombreux Britanniques nobles et fortunés qui construisent leurs palais de part et d'autre de l'impressionnante **Promenade des Anglais et le Cours sortir.**

Nice a une grande tradition dans les courses de Formule 1, puisque l'un des premiers circuits a été construit ici, en 1930.

Vieille-ville

Zone de rues étroites et sinueuses, avec des palais et des demeures seigneuriales décorées de volets en bois et de façades aux couleurs marron et jaune intenses.

Place Masséna

Place Masséna

Il est entouré de palais et d'une belle sculpture qui représente les continents.

Place Garibaldi

Avec des bâtiments majestueux peints en jaune avec des fenêtres vertes.

Place Garibaldi	Croix de Marbre

Place Rosetti

Croix de Marbre, colonne du pape, monument des Serruriers, statue de Garibaldi, statue de Charles-Félix, statue de Masséna, monument de la reine Victoria, monument de Rauba-Capeu et monument du Centenaire.

Monument aux morts

Promenade des Anglais

Avenue de plus de 7 kilomètres de long qui borde la **plage de Baie-des-Anges** et se situe le long de la mer.

Il a été construit en 1822 par des résidents anglais qui y passaient leurs vacances d'hiver.De part et d'autre de la rue, de nombreux palais, demeures seigneuriales et hôtels de style Belle Epoque, parmi lesquels se distinguent l'hôtel Negresco et ses fauteuils bleus.
L'avenue est un lieu très fréquenté par les amateurs de roller, ici vous pouvez louer tout ce dont vous avez besoin pour pratiquer ce sport.

Port Lympia

Elle a été construite au XVIIIe siècle, creusée dans les falaises où se dressait l'ancienne citadelle.
Les excursions vers **le Cap Ferrat** et **Monaco** partent d'ici.

Colline du château

Il est situé au bout de l'avenue maritime (**Promenade des Anglais**).On y accède en montant quelques escaliers ou en ascenseur panoramique.La colline est le meilleur point de vue sur Nice, le Port Lympia et l'avenue maritime.
Au sommet se trouvent les fondations d'un château médiéval, **un jardin botanique et une cascade artificielle.**

Cimetières de la colline du château

On y accède depuis **l'avenue François Aragon**

Le Cimetière du Château est un cimetière monumental qui vous impressionnera.

Palais Gubernatis

Située sur **la colline de Cimiez**, elle est du XVIIe siècle et de style génois, elle fut édifiée par le consul de France à Nice.

Le Palais est le siège du **musée Matisse.**

Il fut vendu en 1823 à un aristocrate, Cocconato Raymond Garin et, en 1950, il fut racheté par la ville de Nice, et abrite le musée Matisse et le musée d'archéologie.

La colline de Cimiez

Musée Henri Matisse

Situé à **Cimiez, dans la Villa des Arènes,** un palais du XVIIe siècle, et abrite la plus vaste collection d'œuvres de ce peintre:
218 gravures, 57 sculptures, 68 peintures, 236 dessins et près de 200 objets personnels du peintre Henri Matisse.

Horaires de visite du musée : du mercredi au lundi de 10h à 17h.

Palais Lascaris

Il est situé dans **la vieille ville**, il a été construit entre les XVIIe et XVIIIe siècles et est de style baroque génois.

Il a été construit par l'Ordre militaire de Saint-Jean de Jérusalem, Rhodes et Malte.

Les comtes de Peille achevèrent l'édifice.

Le palais abrite un musée d'art et de traditions populaires.

Palais Masséna

Il a été construit en 1899 et est de style néoclassique.

Il s'inspire du palais Rothschild à Cannes.

Le style est néoclassique. C'est le siège du musée d'art et d'histoire.

Le Palais de Marbre, construit au XIXe siècle, est le siège des archives de la ville.

Palais Marie-Christine

Construit au XIXe siècle et de style néoclassique, il a accueilli la reine Marie Cristine, dont le palais tire son nom.

Palais Masséna

Villa de La Belle Époque

Palais Marble

Palais Maeterlink.

Palais Communal, Palais du Sénat, Palais de la Préfecture de Nice ou des Ducs de Savoie.

Palais Maeterlink

Palais des Rois de Sardaigne

Château de Bellet

Il est situé à **Saint-Roman-de-Bellet,** il a été construit au XVIe siècle, agrandi au XIXe siècle et restauré au XXe siècle. Dans un écrin de vignes, se situent la chapelle néo-gothique du XIXème siècle et **le château de Crémat**, construit en 1906.

Château Sainte-Hélène

Il a été construit au XIXe siècle par le directeur du casino de

Monte-Carlo et abrite actuellement le musée d'art naïf Anatole Jakovsky.

◄ **Château de Crémat et Château Sainte- Hélène** ►

Château de l'Anglais

Il a été construit en 1857 par Robert Smith, colonel de l'armée britannique, conçu comme son lieu de loisirs et de retraite.

Château de Valrose

Il a été construit en 1867 pour un riche homme d'affaires russe. Style architectural néo-gothique et siège actuel du rectorat de l'Université de Nice.

Château de Valrose

Cathédrale Sainte-Réparate

Au XIIIe siècle, des moines bénédictins construisirent l'église Sainte-Réparate à cet emplacement. Au XVIe siècle, elle est devenue une cathédrale, et elle a été agrandie entre 1650 et 1699, suivant le style architectural baroque italien et la conception de Jean-André Guibert, inspirée de l'église de Sainte-Susanne à Rome. Elle a un plan en croix latine, avec un dôme de style génois.

Le clocher est du XVIIIe siècle.

Basilique Notre-Dame

Située sur **la colline de Cimiez**, elle a été édifiée par des moines bénédictins en 1450 et reconstruite aux XVIIIe et XIXe siècles par des moines franciscains.

A l'intérieur, trois retables des XVe et XVIe siècles.
Elle est de style néo-gothique et compte 8 chapelles latérales.

Basilique Notre-Dame

Église Saint-Jacques (Gesù)
Situé rue Droite, il a été construit par l'ordre des Jésuites au XVIIe siècle et est de style architectural baroque.Son clocher est du XVIIIe siècle et mesure 42 mètres.
Le temple est inspiré de l'église du Gesù à Rome.

Église Saint-François-de-Paule
Elle date du XVIIIe siècle, avec un style baroque italien et une façade néoclassique.
Chapelle Saint-Aubert, du XVIIIe siècle et façade de style baroque.

Église Saint-Martin-Saint-Augustin
Situé sur la place Saint-Augustin, il a été construit entre les XVIIe et XIXe siècles et est de style néoclassique.

◄ **Église Saint-Jacques et Église Saint-François** ►

Cathédrale orthodoxe russe Saint-Nicolas

Située sur **le boulevard Tzarevitch,** à 30 minutes à pied du centre historique de Nice, c'est la plus grande cathédrale orthodoxe hors de Russie.

Il a été construit en 1912 en l'honneur du tsar Nicolas II et du prince héritier décédé à cet endroit même.

L'architecte Preobrazhensky a également conçu le château de Valrose.

Horaires de visite : de 9h à 12h et de 14h à 18h

Église orthodoxe russe de Saint-Nicolas-et-Sainte-Alexandra

Il est situé rue Longchamp et a été construit en 1858.

◄ **Cathédrale Saint-Nicolas et Église Saint-Augustin** ►

Église anglicane de la Sainte Trinité

Situé dans **le quartier de Buffa**, il a été construit en 1862 et sa conception s'inspire de la chapelle de l'Université de Cambridge.

Grande Synagogue de Nice
Il a été construit en 1886 et est de style néo-byzantin.

Mont Boron
Parc forestier situé sur une colline à 200 mètres d'altitude.
Il a été conçu en 1862, pour lequel différentes essences telles que le pin, le caroubier, le figuier et l'olivier ont été utilisées.
C'est le meilleur point de vue de Nice et vous pouvez vous y rendre en bus ligne 14.
De l'hôtel particulier d'Elton John, on aperçoit **Villefranche et le Cap Ferat.**

Colline du Château
Haut de 100 mètres, se trouvait ici un château construit au XVIIIe siècle, qui fut démoli après l'annexion française de la ville, au cours du XIXe siècle.
En 1820, la plantation de diverses espèces a commencé
En 1885, une **cascade décorative** a été construite.

Jardin Albert 1er.
Situé dans la zone qui relie **la place Masséna** à la mer.
Il a été conçu entre 1880 et 1890.

Villefranche-sur-mer
Situé tout près de Nice, à 1h de marche.

◄Cascade Colline du Château et Jardin Alber 1er.►

Villefranche-sur-mer

Musée des beaux-arts

Il conserve une vaste collection d'art qui s'étend du XVIe au XXe siècle.

Musée Marc Chagall

Avec 17 peintures de l'artiste consacrées aux livres de l'Ancien Testament, sculptures, mosaïques, tapisseries.

Musée d'art naïf Anatole Jakovsky
Avec plus de 1 000 œuvres données par Renée et Anatole Jakovsky.

Musée d'art moderne et contemporain de Nice (Mamac).
Musée de la Résistance française dans les Alpes-Maritimes pendant la Seconde Guerre mondiale.
Musée de la mer, situé à Tour Bellanda avec maquettes, gravures, peintures et objets sur l'histoire de la navigation.
Musée de la Photographie, place Pierre Gaut.
Musée Terra Amata.
Musée archéologique du **site archéologique de Cimiez**.
Musée Massena, d'art et d'histoire.

Fêtes

Carnaval de Nice, avec la célèbre bataille de fleurs.

Bataille de fleurs

La fête des cou gourdons, la fête des Mays, la procession des pénitents, la fête de Sainte Réparate, Calena et Lou Presèpi (fête des marionnettes).

Aéroport international

Situé à **15 km**, il dispose de deux terminaux, reliés par un bus gratuit.

Les lignes de bus 23, 98 et 99 relient l'aéroport au centre-ville.

Gare Maritime de Nice

Port de Commerce, Terminal 1 (**Infernet Quai Amiral**).

Ils relient Nice à Bastia, Ajaccio, Calvi et L'Île-Rousse en Corse.

Gare centrale de Nice-Ville

Situé à proximité du centre-ville et de l'avenue maritime.

La ligne ferroviaire TAV (Gare Nice-Ville) la relie à Paris, 10 TGV quotidiens dans chaque sens.

Gare Nice CP (Gare des Chemins de Fer de Provence).
Situé **près de la gare centrale.**
Il relie Nice aux Alpes et à la Haute Provence.
•**La LGV Provence-Alpes-Côte d'Azur,** (Ligne à Grande Vitesse Méditerranée), qui relie Nice à **Toulon**, **Marseille** et **Paris**.
•**Le Train des Pignes (Chemins de Fer de Provence)**, traverse la haute montagne et relie Nice à **Digne-les-Bains.**
Il y a un train à vapeur qui monte une partie de la montagne.
Une réservation préalable est nécessaire.
-De mai à octobre, le dimanche ; de juillet à août, le samedi,

Gare de Nice-St-Augustin
Avenue Edouard Grinda. C'est la gare la plus proche de l'aéroport.

Gare Routière centrale, située sur **l'avenue Félix Faure.**
-**L'autoroute (Autoroute A8)** relie **Cannes** à **l'Italie** en passant par Nice.
-**La sortie 50 Nice centre** mène à la (**Promenade des Anglais**), la belle promenade qui longe la côte.
Pour se rendre à **Menton** depuis Nice, il faut traverser les trois collines ou Corniches (Basse, Moyenne et Grande).

Plages
Nice possède de petites plages de gravier, il y a des plages de sable à Juan les Pins, Villefranche-sur-Mer, Antibes et Cannes, situées à moins de 50 km.

Plage Baie des Anges

Marchés

La rue la plus commerçante de Nice est l'**Av. Jean Médecin**. Galeries Lafayette et centre commercial Nice Etoile.

Avenue Jean Medecin

Marché aux Fleurs du Cours Saleya

Il est situé dans le centre historique de Nice, **Cours Saleya**. Il est installé tous les jours jusqu'à 18h, sauf le lundi.

Dans ce marché, vous trouverez non seulement toutes sortes de fleurs, de légumes et d'épices, mais aussi de délicieux plats de rue.

-Marché d'antiquités, le lundi.
-Marché de rue de Vintimille, installé le vendredi.

Hôtels et restaurants

Hôtel Regina (Excelsior Regina Palace)

Situé sur **la colline de Cimiez,** il a été construit en 1896 et comptait plus de 400 pièces et se distingue par sa structure en fer forgé.

La reine Victoria de Grande-Bretagne y séjourna, ainsi que le peintre Henri Matisse, où il vécut plus de 20 ans.

Hôtel Alhambra

Situé **boulevard de Cimiez,** il est de style arabe et a été construit en 1900 par le même architecte qui a conçu le Palais Lamartine, situé rue Lamartine.

Hôtel Boscolo Exedra Nice, (ancien hôtel Atlantic)

Il est situé sur **le boulevard Victor Hugo** et a été construit en 1913. Sa façade est de style Belle Époque.

Hôtel Alhambra	Hôtel Boscolo

Palais de la Méditerranée

Situé sur **la Promenade des Anglais,** il a été construit en 1928 pour abriter un casino.
Sa façade de style architectural Art Déco est ornée de figures féminines et d'hippocampes.
Il abrite actuellement un hôtel et un casino moderne.

Palais de la Méditerranée

Hôtel Negresco

Le bâtiment de style néoclassique et Second Empire a été construit en 1912 pour le prestigieux chef Henri Negresco, payé par ses riches clients.

Hôtel West End
Situé sur **la Promenade des Anglais,** il a été construit en 1842 par des nobles anglais.

Hôtel Westminster
Situé sur **la Promenade des Anglais,** il a été construit en 1878.
Sa façade rose se démarque.

Voici les restaurants **Le Millésime et Les Amoureux; la socca de** Chez Pipo ; **Confiserie Florian,** 14, Quai Papacino.

Cafe Turin

Il est situé sur la **place Garibaldi** et est le plus célèbre de la ville. Elle a été fondée au 19ème siècle.
Le glacier de Fennocchio sur la place Rosetti, avec toutes les saveurs imaginables.

Pâtisserie Maison Auer

La prestigieuse pâtisserie situé sur la rue Saint-François-de-Paule, fondé en 1860.
Le bâtiment est de style architectural rococo.

Pâtisserie Trappa
Situé rue Malonat, il fut inauguré en 1886.

◂ **Rue Malonat**

Gastronomie

Socca

Ce plat emblématique de Nice trouve son origine dans le sac turc de **Barberousse** (1543).Les Niçois qui résistaient dans le château du Mont Boron manquaient de munitions, ils jetèrent donc sur les assaillants de l'huile bouillante mélangée à de la farine de pois chiche. de pois chiches frits ont sauvé la ville et sont devenus la nourriture habituelle des marins aux XVIIIe et XIXe siècles.

La socca est un sandwich au pain à base de farine de pois chiche, frit, qui est servi chaud enveloppé dans du papier, dans l'un des nombreux bars de l'avenue maritime, la **Promenade des Anglais.**

Socca farcie aux blettes et à la ricotta (**Barbajúan**)

Pain bagnat

Délicieux sandwich au thon avec olives, tranches d'œuf dur, tomate, laitue et oignon.

◀ **Pain Bagnat**

Pissaladière

Pizza aux oignons caramélisés, olives, ail et anchois, sans fromage ni tomate.

Tourtes aux blettes

Fabriqué avec des blettes, des raisins secs et des noix.

Salade Niçoise

Salade mixte à base de thon, crudités, haricots verts et pommes de terre bouillies.

Shakshuka

Oeufs pochés avec sauce tomate, huile d'olive, poivrons, oignons, ail et épices.

◄ **Salade Nicoise et Shakshuka** ►

Ratatouille

Ragoût de légumes traditionnel à base de tomate, ail, oignon, courgette, aubergine et poivron.

Daube

Ragoût à base de boeuf, vin, légumes, ail et épices de Provence.

◄ **Ratatouille et Daube** ►

Vins rouges Syrah, Mourvèdre ou Cabernet Sauvignon.

Vin rosé de Provence ou Languedoc-Roussillon.

Pastis

Liqueur d'anis servie avec de l'eau et de la glace.

Soupe de poisson, soupe de poisson avec beaucoup de sauce tomate, purée d'ail (aïoli), morceaux de pain grillé et fromage râpé.

Environs de Nice

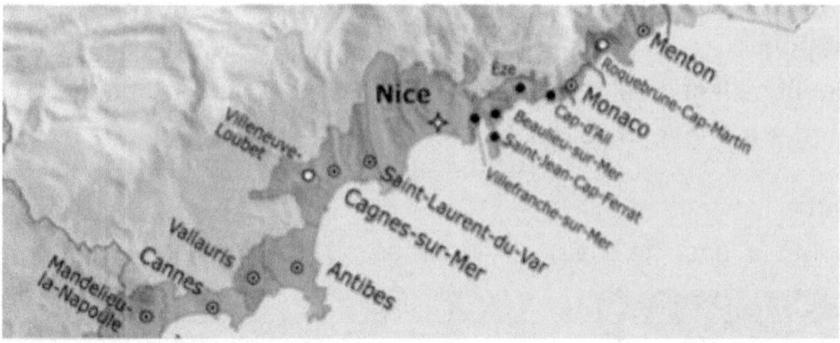

Eze Village

Village médiéval situé dans les montagnes de Touët-sur-Var, où l'on peut voir un magnifique jardin de cactus et son point de vue spectaculaire, ainsi que la parfumerie Fragonard.

Depuis **Eze Village**, le sentier Nietzsche mène à **Eze Sur Mer** (45 minutes de marche) Près du sentier, vous pouvez voir **une chute d'eau spectaculaire.**

◄ Beaulieu-sur-mer et Èze Village ►

Près d'Eze Village se trouve **la Villa Île de France, à Villefranche, Beaulieu-sur-mer et St. Jean Cap Ferrat.**

La Turbie est un paradis pour la randonnée.

-En suivant le sentier littoral, en direction de Monaco, en longeant la

falaise, vous arrivez à **plage Coco.**
-Suivre le spectaculaire sentier du **Cap de Nice** en direction de **Villefranche**.

Saint Jean Cap Ferrat
Entouré des demeures les plus luxueuses, parmi lesquelles se distingue **la Villa Ephrussi de Rotschild.**

La Villa Ephrussi de Rotschild

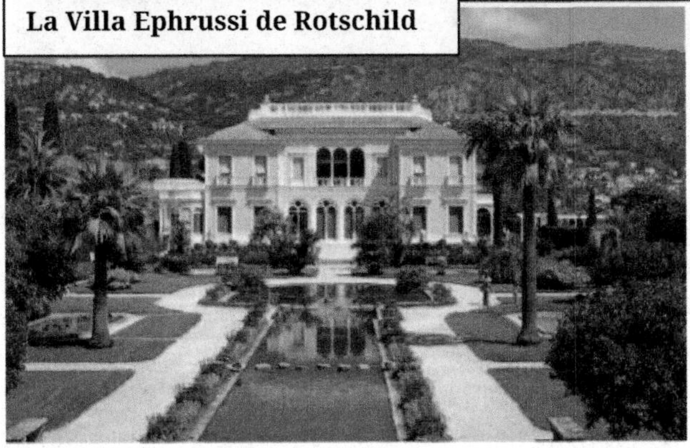

Beaulieu-sur-mer
Situé à proximité du **Cap Ferrat,** avec sa belle plage et la luxueuse **Villa Kerylos,** construite au début du 20ème siècle et dans le style grec.

ANTIBES

Il est très proche de **Cannes** et **Saint Tropez,** ou **Nice** et **Monaco**. Elle a été fondée par les Grecs au 6ème siècle avant JC. Il est entouré de luxueuses demeures et de palais aux vastes jardins.

Remparts

Elles ont été construites au Xe siècle, **la port Marina** au XVIIe siècle, elles ont été partiellement démolies entre le XIXe et le XXe siècle, ne conservant que les parties qui bordent la côte.
Dans le parking devant les murs, il y a des escaliers qui mènent au centre historique de la ville.
Dans ce quartier se trouve une gigantesque grande roue et un marché artisanal s'installe tous les après-midi.
En descendant quelques escaliers, vous arrivez à la rue Masséna, une rue qui a été ouverte après la démolition du mur.
Voici le marché et **le Musée de l'Absinthe**, une liqueur de couleur verte à forte teneur en alcool qui a été consommée par de

nombreux artistes tels que **Van Gogh, Manet, Degas ou Picasso** parce qu'ils disaient qu'elle les inspirait pour leur art, raison pour laquelle il était interdit depuis de nombreuses années.
Ci-dessous se trouve l'étroite **Porte Orme**, l'une des 4 entrées de l'enceinte médiévale, et une tour défensive.
A côté des remparts se trouve **la plage de la Gravette.**
Dans le quartier de **Juan-les-Pins,** les luxueuses demeures entourées de jardins se distinguent.

Place de Gaulle
Voici la librairie historique, **La Joie de Lire.**
En suivant **le boulevard Albert Ier,** on arrive à la porte d'entrée de la muraille.

Fort Carré
Forteresse située à l'entrée de la ville, sur la presqu'**île Saint-Roch,** construite au XVIe siècle sur une impressionnante falaise de 26 mètres de haut, elle fut reconstruite au XVIIe siècle.

Les façades multicolores du **Safranier, le Cap d'Antibes, le port de l'Olivette.**

Le Port de L'Olivette

Cathédrale Notre-Dame de l'Immaculée

Situé à côté du **Musée Picasso.**

Il a été construit au 12ème siècle et est de style roman et néo-classique.

-Le clocher est du XIIe siècle.

-La façade actuelle est du XVIIIème siècle et dans le style architectural baroque provençal aux couleurs intenses.

-À l'intérieur, on peut voir la Virgen del Rosario, (XVIe siècle).

◄ Cathédrale de Notre-Dame y Cap Antibes ►

Rue du Saint-Esprit, à côté du Musée Picasso.

Des horaires

Du mardi au samedi, de 9h à 12h et de 13h à 17h.

A proximité de la Cathédrale, on trouve **la Place Nationale**, ainsi que **la Chapelle Saint-Bernardin,** édifiée au XVIe siècle.

Musée Picasso

Situé près des remparts, dans **le château Grimaldi,** construit au XIIIe siècle et entièrement reconstruit au XVIIIe siècle.

-Le château fut la résidence de l'Evêché, des Princes de Monaco entre 1385 et 1608 (la famille Grimaldi), et le siège du Conseil Municipal.

De la structure originale du château (XIIIe siècle) la tour carrée a été conservée.

-En 1925, le château devient le siège du Musée Grimaldi.

-En 1946, Pablo Picasso a été autorisé à utiliser certaines salles du Musée comme atelier.

En 1947, une salle dédiée exclusivement à Picasso est ouverte.

L'artiste a fait don d'une vaste collection de ses œuvres au musée, c'est pourquoi en 1966, il a été décidé de changer le nom en Musée Picasso.

Le cubisme a été créé entre 1907 et 1914 par Picasso.

Le point de vue, l'orientation et la perspective des objets sont éliminés, toute réalité est représentée par des formes géométriques.

-**À l'étage inférieur** se trouvent des peintures, des sculptures et d'autres œuvres de différents artistes de la région, dont Nicolas de Staël.

En montant à l'étage supérieur, se trouve le point de vue avec vue sur la mer.

-**À l'étage supérieur**, on peut voir différentes œuvres du grand Pablo Picasso, telles que Les Clés d'Antibes, Le Mangeur d'oursins, La Joie de vivre, Nu allongé sur un lit blanc, Las Meninas, Nature morte à la chouette et Trois mers Oursins, satyre, faune et centaure avec trident, la chèvre.

-**Dans d'autres salles,** il y a une vaste collection de dessins, sculptures et céramiques de l'artiste. La sortie du Musée se fait par la cour du château, d'où l'on peut à nouveau voir la mer Méditerranée.

Promenade Amiral de Grasse +33 (0)4 92 90 54 28

Des horaires

-Du 15 juin au 15 septembre :

•De 10 à 2 heures.

-Du 16 septembre au 14 juin :

•De 10 à 1 heures et de 2 à 6 heures.

Fermé, le lundi.

Des prix

-Tarif général : 9€

-Billet combiné avec d'autres musées : 8 €.

(Rappelez-vous que le billet combiné coûte 10 € et avec lui vous bénéficiez de réductions sur l'accès aux musées municipaux, comme le Musée Picasso...).

-Entrée gratuite : mineurs.

Parcours Picasso

En suivant les sentiers balisés, et les différentes répliques de ses oeuvres, dans un authentique musée à ciel ouvert, on peut contempler les beaux paysages d'Antibes qui ont inspiré les oeuvres de Picasso.

Le sentier monte en légère pente, la difficulté est faible.

Musée archéologique

Contient une vaste collection d'objets de Greco-
romain.

Bastion Saint-André.+33 (0)4 93 95 85 98

Calendrier:

-Du mardi au dimanche, de 10h00 à 12h00 et de 14h00 à 18h00

Fermé le lundi.

-**Entre novembre et janvier** les heures de fermeture sont avancées.

-Tarif général : 3 €.

(Si vous avez acheté le billet combiné pour 10 €, l'accès au musée archéologique n'a pas de coût supplémentaire).

-Entrée gratuite : mineurs.

Des plages

Plage des Gravettes

Situé au **centre de la ville**, à côté de la muraille médiévale, où se trouve le parking.

Plage de Maillet

Petite plage de sable, **plus éloignée du port,** à environ 10 minutes à pied, elle dispose d'une piscine d'eau de mer artificielle.

Plage du Ponteil

C'est une **autre plage proche du centre-ville** et un peu moins étendue que les précédentes.

Plage de Juan Les Pins

C'est **la plus longue plage de la région** et avec du sable fin et doré.
Il dispose de tous les services, dont un parking à proximité, gratuit d'octobre à mai.
Dans la zone portuaire, près du Palais de Congrès, il y a un autre parking payant.

Plage du Fort Carré

C'est une petite plage de gravier, avec des eaux plus profondes et beaucoup de vagues, elle ne convient donc qu'aux nageurs les plus experts.Le parking est situé à environ 50 mètres de la plage.

La Fontonne

C'est une autre plage de gravier un peu plus longue que la précédente, bien qu'elle ait aussi beaucoup de vagues.

Plage de la Salis

C'est l'une des plages les plus fréquentées de la Côte d'Azur française.
Il dispose d'un parking et de tous les services.

Boulevard James Wyllie

Foire du marché

Situé sur le Cours Masséna, à proximité de la plage de la Salis. Ici vous pourrez acheter des produits frais locaux tels que : fruits, légumes, épices, huiles... Et vêtements et artisanat local, les mois de juin à septembre.
Horaires : les samedis et dimanches, de 6h à 13h.

La plage de la Garoupe

C'est une plage un peu plus tranquille, c'est ici que commence le célèbre **Sentier côtier** qui rejoint **le Cap Antibes**, situé à l'extrémité sud, le chemin dure environ 2 heures.
Vous pourrez y voir **la Chapelle des Pêcheurs et le Phare de la Garoupe.**

◂La Plage de La Garoupe et le phare▸

Plage des Milliardaires

En suivant **le Sentier côtier,** vous arriverez à ces deux plages reliées entre elles.

Sentier côtier et Sentier des contrebandiers.

Elle rejoint le parking de **la plage de la Garoupe** avec **la plage des Milliardaries**, traversant des falaises et une série de petites plages. La majeure partie de ce chemin est pavée, il y a des sections qui traversent les falaises.

-**Au début de l'itinéraire,** jusqu'au **Cap Gros,** le dénivelé est léger, mais plus tard, la pente devient plus prononcée et le dénivelé est surmonté par une série d'escaliers.

-**Dans la zone de la jetée,** il y a un beau point de vue d'où commence le sentier appelé **Sentier des contrebandiers**, long de 5 km, qui traverse tout le cap.

-**Plus loin** se trouve **la plage faux argent ,** où se trouvent des terrasses avec des escaliers qui descendent vers la plage, et une vue imprenable sur **le Cap d'Antibes.**

-**De la plage des Milliardaries,** vous montez jusqu'à la dernière partie du chemin où vous trouverez le manoir **Villa Eilenroc,** conçu en 1860 par le même architecte qui a conçu l'Opéra de Paris.

Le chemin est linéaire, la difficulté est faible à moyenne et il faut 1 heure et 45 minutes pour le parcourir.

Pour revenir au début du parcours, il faut moins de la moitié, car il est presque entièrement en descente.

◂ Sentier des contrebandiers et Cap Martin ▸

◄ **Villa Eilenroc et Sentier Côtier** ►

Restaurants

-Voici le fameux restaurant **bistro Le Safranier**.

20 Avenue de Verdun Téléphone : +33 (0)4 93 64 09 04

-**Ital Pizza,** pizzeria familiale.

-**Crêperie du Port.**

-**Cocktails au Pam-Pam Bar,** ouvert en 1927.

137 Boulevard du Président Wilson

Horaires : Tous les jours, de 15h00 à 4h30

Téléphone : +33 (0)4 93 61 11 05

-**Les Terrasses d'Eze - Hôtel & Spa,** situé sur les hauteurs d'Èze, à 9 km de Monaco et 14 km de Nice.

Juan les Pins

Situé au **Cap d'Antibes** où se trouvent de luxueux hôtels et demeures de célébrités et de la haute société, dans un environnement boisé, qui donne son nom à la ville.

La ville est connue dans le monde entier pour son Festival International de Jazz.

De nombreuses stations thermales ont été construites depuis la fin du 19e siècle, en raison de la richesse minérale de ses eaux thermales.

Des artistes et des écrivains tels qu'Ernest Hemingway et F. Scott Fitzgerald y ont séjourné pendant de longues périodes.
Le spa Big Blue conserve l'architecture du début du siècle dernier.

Marché de Juan les Pins

Vente de produits frais de la plus haute qualité et de l'artisanat local.

Cours Masséna.

Des horaires

- Tous les matins jusqu'à 13h, de mai à septembre, sauf le lundi.

La rue du Maréchal Joffre et **l'avenue Guy de Maupassant** sont les principales artères commerçantes où vous trouverez de prestigieuses boutiques de créateurs, ainsi que des souvenirs typiques.

•Festival de Jazz, en juillet.

•Festival de musique dans la rue, à Juan-les-Pins.

Le Vallauris Golfe-Juan

Villa située entre **Antibes** et **Cannes**.Domaine de plages de sable fin, comme la plage du Midi et la plage du Soleil, certaines sont privées et appartiennent à des hôtels et resorts.

A Le Vallauris se trouve le château et **le port de Camille Rayon.**

Festivités

-**Fête de la Céramique et Fête des Paysans,** à Le Vallauris.

-**Le débarquement de Napoléon,** a lieu au mois de mars sur la plage de Golfe-Juan.
-**Fête de Saint- Pierre,** sur la plage de Golfe-Juan.
-**Élection de Miss Côte d'Azur** durant le mois de juillet au Théâtre de le Mer.

Musée Pablo Picasso

Situé à Vallauris, dans l'ancien château du prieuré, l'artiste y a vécu en 1955, où il a réalisé une série de pièces uniques en céramique.

Le Musée expose plus de 2 000 œuvres de l'artiste : peintures, sculptures, céramiques, dessins, gravures et photographies.

Le bâtiment est situé à proximité du **Musée de la Céramique** Magnelli.

Des horaires:

-Du 16 septembre au 30 juin.

•De 10h à 12h15

•De 2 à 5 heures.

-Du 1er juillet au 15 septembre.

•De 10h à 12h15

•De 2 à 6 heures.

Fermé le mardi, et les jours : 1er janvier, 1er mai, 1er novembre, 11 novembre et 25 décembre.

Des prix

-Billet combiné Musée Magnelli, Musée de la Céramique (Céramique de Vallauris) et Musée de la Guerre et de la Paix (La Guerre et la Paix).

-Tarif général : 6 €.

- Tarif réduit : étudiants et retraités : 3 €.

-Entrée gratuite : jusqu'à 18 ans et pour tous les visiteurs, le premier dimanche de chaque mois.

CANNES

Ville de la Côte d'Azur, internationalement connue pour son **Festival International du Film.**

Vieux port

Ancien port de pêche, c'est aujourd'hui le lieu où se réfugient les bateaux les plus luxueux d'artistes, chanteurs et grands hommes d'affaires célèbres.

Marché Forville

Situé **à côté de la Mairie,** cet ancien marché central a été construit en 1934, il est de style architectural provençal et a une superficie de plus de 3000 m².

Marché Forville

Vieux Port

Des horaires

-Du mardi au dimanche, installé jusqu'à 13h30 Vente de produits frais.

-Le lundi il se transforme en marché d'antiquités, qui s'installe jusqu'à 17h00.

Le Suquet

◄ Rue d'Antibes

Situé sur **le Mont Chevalier**, à proximité du **Vieux Port,** c'est le centre historique de Cannes.
En parcourant ses étroites rues pavées et ses maisons pittoresques, nous avons atteint la **place de Castre,** où se trouvait l'ancienne forteresse romaine.
Voici **la rue Saint Antoine, la rue d'Antibes et la place de la Liberté ; l'église Notre-Dame de l'Espérance,** qui date du XVIe siècle et est la plus ancienne de Cannes.

Château de la Castre

Situé dans le quartier le plus élevé du Suquet, il a été construit au 12ème siècle, et totalement reconstruit au 20ème siècle, c'est le siège actuel du **Musée des Civilisations** qui abrite une vaste collection d'objets d'art et anthropologiques des cinq continents : de la zone méditerranéenne, de la Mésopotamie, de l'Amérique précolombienne et des îles d'Océanie.Ses salles entourent une grande cour, transformée en jardin.Dans l'ancienne **chapelle de Sainte-Anne,** une collection d'instruments de musique est exposée.
De la tour, il y a une vue imprenable sur la ville et le port.

Calendrier

-Octobre à mars, du mardi au dimanche : 10h à 13h et 14h à 17h
-Les mois d'été, jusqu'à 19h00.

Rue Meynadier

Il relie **le quartier du Suquet** aux nouveaux développements cannois. Ici, il y a de nombreux bâtiments qui conservent les façades, les fenêtres, les portes et les structures intérieures du XVIIIe siècle.

◄ **Rue Meynadier**

La Bouche

C'est le quartier le plus authentique et le moins touristique de Cannes.

Boulevard La Croisette

Allée maritime piétonne de plus de 3 km de long parallèle à la mer, entre plages publiques et plages privées, du **Palais des Festivals et des Congrès au Palais des Dunes.**

Sur ce boulevard se trouvent les hôtels les plus luxueux de Cannes qui ont commencé à être construits à la fin du XIXe siècle, tels que **l'hôtel Majestic, l'hôtel Carlton, l'hôtel Malmaison et la résidence Miramar.**De là, vous avez une vue magnifique sur **les îles de Lérins** toutes proches.

L'hôtel Majestic

L'hôtel Carlton

Palais des Festivals et des Congrès de Cannes

Il est situé sur le **boulevard de la Croisette** et est le siège du Festival international du film qui se déroule fin mai.

En face du palais se trouve **le Walk of Fame,** où les acteurs et actrices laissent leurs empreintes sur le sol.

Palais des Festivals et des Congrès

Iles de Lérins : Sainte Marguerite et Saint Honorat

Ils sont situés à 15 minutes en bateau du vieux port.

Au départ du **Quai du Large**, dans le Vieux Port, il y a des excursions vers ces îles. Le trajet dure environ 15 minutes. Prix du trajet : environ 12 €.

Île de Sainte-Marguerite

De nombreux sentiers traversent Sainte-Marguerite, en particulier celui qui mène à la **Batéguier** et au belvédère del pointe **Dragon**.

Île de Sainte-Marguerite

Dans **la Forteresse Royale,** vous pouvez visiter la cellule dans laquelle l'homme au masque de fer (**Tour du Masque de Fer**) a été emprisonné au XVIIe siècle, magistralement interprété par le célèbre acteur **Leonardo Di Caprio**.

◄ Tour du Masque de Fer et Îles de Lérins ►

Saint-Honorat

Saint-Honorat

Sur cette petite île se trouve un **monastère cistercien** du Ve siècle.

Saint-Raphaël

Située dans la région de **La Var-Esterel,** dans **le Golfe de Fréjus**, à 20 km de **Saint-Tropez** et 25 km de **Cannes**.

Elle compte plus de 30 plages de différentes longueurs.La ville conserve intacts certains pans de ses remparts du XIIe siècle, et l'ancienne église romane de Sant Raféu, construite au XIIe siècle et agrandie au XVIIIe siècle, dont le presbytère abrite le Musée de la marine archéologie et préhistoire.

La ville est devenue célèbre pour ses sources chaudes.Au 19e siècle, des stations thermales, un casino et de luxueuses demeures ont été construites où la classe supérieure européenne passait ses vacances.

Port de plaisance de Sainte-Lucie

Situé près du centre de la ville, c'est l'endroit où se trouve une vaste zone commerciale avec des boutiques de grandes marques de créateurs.Le célèbre **Sentier côtier** commence au port.
La zone portuaire de Sainte-Lucie abrite également de luxueuses demeures et un casino.
À **Beaurivage**, il y a un grand parking et une plage de gravier entourée d'un magnifique parc.

Le territoire de Saint-Raphaël compte 5 ports de plaisance : Sainte-Lucie, Vieux-Port, Boulouris, Poussaï et Agay, d'où partent de nombreuses excursions.
Depuis **le Vieux Port** et **le Port d'Agay** il y a aussi un bateau touristique avec vision sous-marine.

Basilique Notre-Dame de la Victoire

Il est situé dans la zone portuaire, il a été construit au XIXe siècle avec du grès rose, et est de style néo-roman-byzantin.Il a été construit pour commémorer le 3e centenaire de **la bataille de Lépante** (1571), dans laquelle le Les Turcs ottomans ont été vaincus par la République de Venise et de Gênes, avec l'aide des chevaliers de Malte et de l'empereur Charles V.

Son intérieur, avec d'immenses icônes

et mosaïques, rappelle la basilique du Sacré-Cœur de Paris et la basilique Sainte-Sophie d'Istanbul.
Vous pouvez visiter le marché aux fleurs.

Musée d'Archéologie et de Préhistoire
Elle est située dans le presbytère d'une ancienne église romane du XIIe siècle, bien que les deux cryptes soient du XIe siècle.
L'église faisait partie des fortifications de la ville.
Du jardin du musée, vous pouvez voir le mur et les fondations de certaines tours.
Des horaires
-Du mardi au samedi, de 9h à 12h et de 14h à 18h
Fermé les lundis, mardis et jours fériés.
Entrée gratuite

Du musée, vous pouvez monter jusqu'à la **tour défensive** du XIIIe siècle, qui est un point de vue impressionnant d'où l'on peut voir toute la baie.

Fête de la lumière
Le centre historique de la ville et tous ses monuments sont illuminés au moment de **Noël**.Des groupes de musique parcourent les rues jusqu'à une immense crèche, des représentations théâtrales et des feux d'artifice, des spectacles son et lumière sont organisés.

Comment se rendre à Saint-Raphaël
-**Autoroute A8**, **sortie 38 Fréjus,** direction Saint Raphaël.

La Corniche d'Or
Il relie **St Raphaël** à **Cannes**, il y a 40 kms dans lesquels vous pourrez profiter de toute la beauté et l'essence de la mer

Méditerranée et du luxe de la Côte d'Azur.

La Corniche d'Or (Cap Roix)

Sentier des mimosas

Saint-Raphaël est l'une des plus étapes de ce chemin de 130 qui parcourt toute **la Côte d'Azur.**

Le Dramont et l'Ile d'Or

L'Ile d'Or est l'un des plus beaux endroits de France.

Au XIXe siècle, son propriétaire, un millionnaire excentrique, se proclame roi.

L'ille d'Or

La tour défensive carrée a été construite en pierre rougeâtre du **massif de l'Esterel.**

Dans la célèbre bande dessinée **Tin Tin**, elle est mentionnée comme l'île noire et différentes aventures s'y déroulent.

La plage du Dramont a été le site de débarquement de plus de 20 000 soldats de l'armée américaine le 15 août 1944, pendant la Seconde Guerre mondiale.
En suivant le sentier côtier vous rejoignez la zone boisée du **Cap Dramont** et le pittoresque port de pêche de Poussaï.
Le phare (Sémaphore) a été construit en 1860 sur les ruines d'une tour défensive du XVIe siècle.
A **Camp Long**, il y a de nombreuses demeures de style Belle Epoque.

L'île du Lion de Mer
Un paradis pour les plongeurs en raison de ses récifs coralliens et de ses gouffres en haute mer. Sous la mer se trouve la Balise de la Chrétienne, un site archéologique sous-marin, où se trouvent plus de douze navires (**Péniches d'Anthéor**) coulés par les Anglais au Second Guerre mondiale.

Ici, vous pouvez voir une belle arche rocheuse naturelle.

Sentier côtier
Il rejoint **le Port de Sainte-Lucie** avec **Baumette**. Ce chemin était emprunté par des gardes qui tentaient d'empêcher l'introduction illégale de marchandises en provenance de la côte, c'est pourquoi il est également connu comme **le chemin des douaniers ou des contrebandiers,** et offre les plus belles vues sur **les Iles d'Or.**

Le trajet d'environ 12 km peut être effectué entre 5 et 6 heures.
-À **Port Sainte-Lucie,** il y a un rocher qui ressemble à un gigantesque orgue musical.
-A **l'Aigue Bonne,** vous pourrez voir **les Montagnes Noires,** anciens volcans endormis.
-Entre la **Pierre Blave** et la **plage du Débarquement,** on trouve des **roches volcaniques bleu-gris,** issues d'éruptions volcaniques plus modernes.

Sentier des peintres à Lac Saint-Clair

Agaï
Situé entre le **Cap Dramont** et **La Baumette,** il possède des plages de sable fin.
Des peintres et des écrivains tels que **Guy de Maupassant ou Saint-Exupéry**, auteur du **Petit Prince,** ont vécu en ce lieu, en témoigne le monument de la Fontaine pour le Petit Prince.

Calanques d'Anthéor et du Trayas
Dans la région montagneuse de **l'Esterel,** il y a un certain nombre de petites plages, qui pour beaucoup sont l'un des plus beaux endroits de France.
En suivant la route qui relie **la Corniche d'Or** à **Cannes**, de

nombreux belvédères permettent de contempler de beaux paysages.

La réserve marine du Cap Roux se trouve ici, avec des fonds marins cristallins.

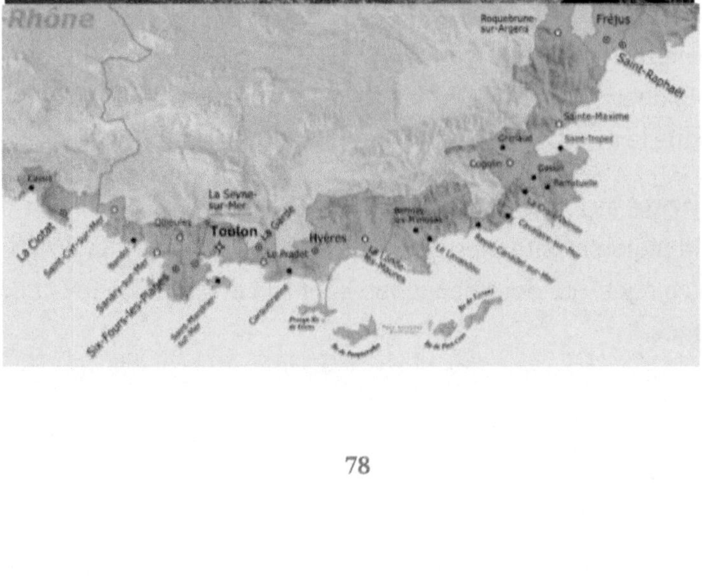

SAINT-TROPEZ

La perle de la Côte d'Azur, petite ville située entre **Marseille** et **Nice**, elle se situe à 1h de **Cannes** et 1h30 de Nice.
Un lieu de villégiature emblématique de la haute société en Europe et dans le monde, où vous trouverez les demeures les plus luxueuses, les ports privés et les immenses yachts.

Pendant la Seconde Guerre mondiale, c'était la première ville libérée de la France par les alliés.
Jusque dans les années 50 du XXe siècle, c'était une petite caserne militaire et un village de pêcheurs, atteignant une renommée mondiale lorsqu'une série de films bien connus y ont été tournés, devenant un refuge pour les artistes et les bohèmes.

Vieille Ville

La Ponche est le centre de Saint Tropez.Situé près du port, avec ses maisons peintes en orange et jaune, et ses sols décorés de pavés, les placettes, **l'église de l'Assomption ou la Chapelle de la Miséricorde.**

Vieux-Port

En longeant **la rue Quai de l'Épi** et **la rue Quai Suffren** jusqu'au **Quai Jean Jaurés**, vous pourrez contempler ses ruelles pittoresques et étroites où se côtoient petits bateaux de pêcheurs et maisons traditionnelles peintes de couleurs intenses, avec les bateaux les plus luxueux, les restaurants prestigieux et boutiques de créateurs haut de gamme.

Le restaurant **Sénéquier, le Homer Lobster et la Crêpereie Bretonne** se démarquent.

Place des Lices

Place située **près du Vieux Port**.Un marché avec des produits locaux de la plus haute qualité s'y installe les mardis et samedis.

Ne manquez pas de visiter la pâtisserie **La Tarte Tropézienne.**

Place aux Herbes

En traversant **le Passage Poissonerie**, orné de mosaïques aux thèmes marins, on arrive dans le quartier du vieux port où se trouve cette petite place.Voici le marché aux fruits et poissons de la ville.

Mairie

Citadelle

Situé derrière le cimetière des marins, au sommet d'une colline, il a été construit au XVIIIe siècle pour défendre la ville des attaques de pirates.On peut voir la **Tour** et ses points de vue impressionnants. La forteresse est le siège actuel du Musée d'histoire maritime.

Des horaires:

-Du 1er avril au 30 septembre.

•De 10h à 18h30 (fermeture de sa billetterie à 18h).

-Du 1er octobre au 31 mars :

•De 10h à 12h30 et de 13h30 à 17h30 (fermeture de sa billetterie à 17h).

Prix : 4 €.

Tour du Portalet

En suivant le beau chemin qui longe la côte, vous atteindrez la tour défensive (Tour du Portalet), qui a été construite au 15ème siècle, un quatre tours de Saint Tropez, situé sur la plage de La Glaye, avec une vue imprenable sur la zone portuaire Frédéric Mistral . .

Musée de la police et du cinéma

Voici une vaste collection d'objets cinématographiques liés aux nombreux films tournés dans la ville, et des artistes tels que **Brigitte Bardot** et **Louis de Funès.**

Des plages

Contrairement à Nice, Saint Tropez possède des plages de sable fin et doré.

-Les plages les plus proches **du centre-ville** sont **La Bouillabaisse** et **La Ponche**.A **La Ponche** se situent la Tour du Portalet et la Tour Vella.

-**Les Canebiers** est la plus longue plage de Saint Tropez, située sur la route des Salins.

-**La Moutte** est située après **Les Canebiers**, et est généralement un

peu moins fréquentée.
-**Les Graniers** est une petite plage située au sud de **la Citadelle**, après le cimetière des pêcheurs.
-**Les Salins** est une plage composée de milliers de morceaux de corail rose, et entourée d'une luxuriante forêt méditerranéenne.

Ramatuelle

Les plages de Pampelonne
Ils sont situés dans la zone du **Golfe de Ramatuelle.**
Elles sont faites de sable fin avec plus de 5 km de longueur, la plus grande de la région.Endroit où dans les années 50 du 20ème siècle, l'actrice **Brigitte Bardo**t a tourné le film : Et Dieu créa la femme.
De là, il y a un chemin vers **Cap Camarat.**
-**Plages Tahiti, la Fontanette et la Moorea.**

Plage Tahiti

◄ **Plage Gassin et Cap Taillat** ►

Plage Pampelonne

Cap Camarat

Comment se rendre à Saint-Tropez

De l'aéroport de Nice à proximité, nous pouvons arriver en 2 heures et 30 minutes en voiture.

Les autobus

Gare Routiere, Place Blanqui.

Bateau

Depuis le port de **Nice**, il y a des ferries quotidiens qui mettent 2 heures et 30 minutes.
Depuis le port de **Cannes**, le ferry met 1h45.
Des parkings publics sont situés dans la zone portuaire et sur **l'avenue du Général de Gaulle et du Huit Mai 1945.**

A voir près de Saint Tropez

Phare du Cap Camarat, Cap Dramont, Cap Taillat, Saint-Raphaël.
Fréjus, plage de Saint-Aygulf et plage du Débarquement.

◂ **Fréjus**

Gastronomie

Si vous visitez Saint Tropez, ne manquez pas de goûter son plat le plus emblématique, les moules vapeur aux pommes de terre ou les savoureuses huîtres, dans des restaurants prestigieux tels que **Sénéquier, Au Caprice des Deux, Napoléon Saint-Tropez, Chez Madeleine, Le Bikini ou Marcellino** ; les sandwichs au homard de **Homer Lobster** ou les tacos de **Snack Croc-à-Tout.**
La Tarte Tropézienne ou les crêpes de la **Crêperie Bretonne** sont délicieuses.

La Tarte Tropézienne

Le Lavandou (Côte d'Azur Var)

Ancien village de pêcheurs situé dans **le Massif des Maures.**Située entre **Toulon** et **Saint-Tropez**, à environ 25 km de **l'aéroport de Toulon Hyères**, face aux **Iles du Levant et Port-Cros**, entourée par la forêt méditerranéenne, elle est surnommée la cité des dauphins et baleines.

Île de Port-Cros

Ses 12 km de plages continues de sable fin raviront tous les visiteurs : Aiguebelle, Cavalière, Jean Blanc, L'Anglade, L'Eléphant, La Fossette, Pramousquier, Cap Nègre, Lavandou, Layet, Rossignol et la plage de Saint-Clair.

De nombreuses excursions partent du **Lavandou** vers **les Iles d'Or** voisines : **Porquerolles, Le Levant et Port-Cros.**

◄ **Île de Levant et Île de Porquerolles** ►

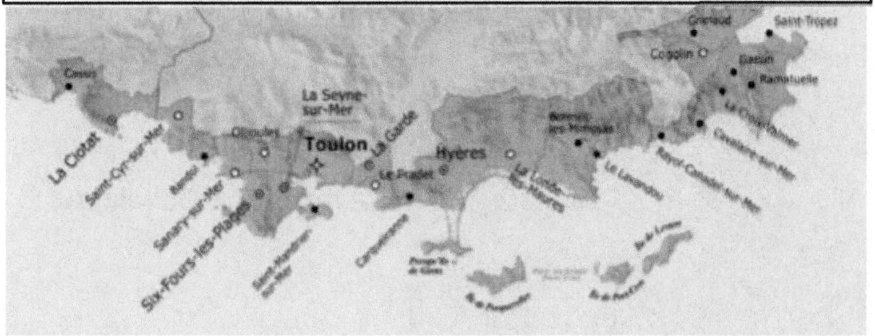

Villa Théo

Maison du peintre Théo Van Rysselberghe, construite en 1910 et transformée en musée.

Au **Lavandou** il y a un marché avec des produits typiques tous les jeudis matin.
Vous pouvez également visiter d'autres marchés avec des produits traditionnels de Provence à: Bormes-les-Mimosas, Cavaliere, Rayol.

Fête de St Clair

En l'honneur du saint patron de la ville, elles sont célébrées par un défilé religieux dans les rues, jusqu'à **l'église Saint-Louis**, construite en 1885, et située **place de Romérage.**
La fête se termine par la remise des cadeaux et des danses traditionnelles.

Fête du soleil et des fleurs

Au cours du mois de mars, plus de 20 000 voitures, ornées de fleurs, roulent lentement dans les rues, emmenées par des groupes de musique et des acrobates.

Après le défilé, la bataille des fleurs a lieu.

Saint-Pierre, avec le défilé et la bénédiction des bateaux de pêche joliment décorés, et les danses traditionnelles devant l'Hôtel de Ville.

Sentier des balcons de Cavalière, qui relie **le Lavandou** à **Cavalaire**.

◄ Cavalaire-sur-Mer

Bormes-les-Mimosas et son sentier botanique

Village situé à moins de 4 kilomètres du **Le Lavandou.**

Cavalaire-sur-Mer est à 20 km et **Hyères** à 22 km.

◄ Bormes et Forteresse de Brégançon ►

Village médiévale du 12ème siècle entourée de fleurs odorantes, qui sont plantées pour fabriquer des parfums.
Ses rues étroites sont décorées de balcons et de fenêtres fleuries.

Forteresse de Brégancon

Vous pourrez également profiter de plus de 90 km de pistes cyclables, faire une agréable promenade, même sur **l'île de Porquerolles.**

Hyères et Grimaud

De beaux villages médiévaux au milieu du **Golfe de Saint-Tropez.**
Forteresse de Brégançon

Grimaud

Grimaud

Collobrières

Située à 30 km du **Levandou**, au milieu d'une forêt luxuriante de conte de fées, dans les environs du **Massif des Maures,** cette commune est considérée comme **la capitale de la châtaigne de France,** un délicieux fruit sec avec lequel elle est faite la plus sélecte confiserie.

◄ Massif des Maures et Place de la Libération ►

TOULON

Capitale du département **du Var**, et l'un des lieux de villégiature préférés des présidents de France.

Cathédrale Notre-Dame de las Seds

Située dans un angle de la place de la cathédrale, sa construction débute au XIe siècle, la façade est du XVIIe siècle et le clocher est du XVIIIe siècle.

A l'intérieur, se distinguent les impressionnantes sculptures d'anges qui ornent l'autel.**https://cathedrale-toulon.fr/**

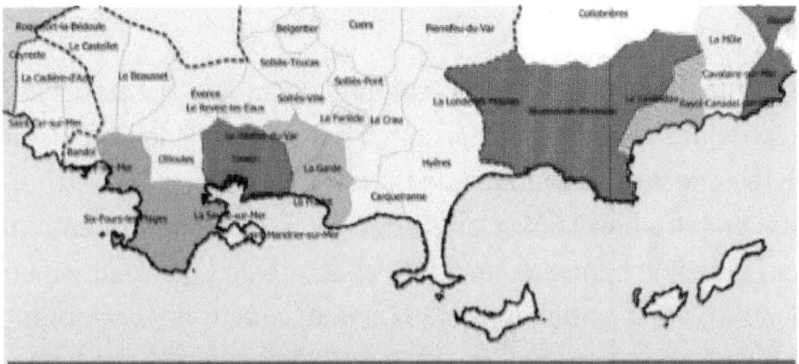

Cathédrale Notre-Dame de las Seds

Opéra

Situé sur la **Place de la Liberté,** entouré de jardins spectaculaires et de fontaines monumentales, conçu par Eugène Hausmann, qui a conçu les principales avenues de Paris.

Il a été construit en 1862, c'est le deuxième plus grand théâtre de France, avec une capacité de 2 000 spectateurs.Les fresques au plafond ont été peintes par **Louis Duveau**, auteur de la décoration des anciens appartements impériaux de l'actuel musée du Louvre à Paris. **https://www.operadetoulon.fr/**

-Sur **la place Paul Compte**, vous pourrez admirer des peintures du XVIIème siècle sur la façade du **Palais de l'Evêché.**

-Sur la **place Puget** se trouve **la Fontaine des Trois Dauphins** construite en 1782.

-Entre **le Cours Lafayette et le Boulevard de Strasbourg** se trouve la **Fontaine-Lavoir de Saint-Vincent,** construite en 1820.

◄ **La Fontaine des Trois Dauphins**
et Église de Saint-François ►

Fontaine-Lavoir de Saint-Vincent

La Tour Royale

Tour circulaire qui défendait l'entrée du **port (Petit Rade)** et fut construite au XVIe siècle, elle est de faible hauteur, mesurant plus de 60 mètres de diamètre et ses murs ont plus de 7 mètres d'épaisseur.

La tour a été capturée par les Britanniques après que **Napoléon** a participé à la célèbre campagne d'Égypte depuis Toulon.

Forteresse Saint-Louis

Situé à proximité de **la Tour Royale**, il a été construit au XVIe siècle, bien que quelques années plus tard, il soit occupé par l'armée ennemie.

Porte d'Italie

Dans **le quartier des Lices**, un pan de l'ancienne muraille est conservé, ainsi que la Porte d'Italie, l'un des accès à la ville, qui fut construite en 1791. **Napoléon Bonaparte** passa par cette porte lorsqu'il commença sa campagne pour conquérir l'Italie.

Porte d'Italie

Mémorial au sous-marin

Situé près de **la Tour Royale**, le monument est composé d'un demi-cercle de bronze avec les noms de milliers de marins qui ont perdu la vie à la guerre.La sculpture d'une femme et d'un enfant, s'appuyant sur une tour de contrôle de sous-marin qui mesure plus de 6 mètres haut.

◄ Tour du Arsenal et Cours Lafayette ►

A Toulon, l'armée française a coulé les navires les plus importants de sa propre flotte pour les empêcher de tomber aux mains de l'ennemi pendant la Seconde Guerre mondiale.
Un obusier tiré d'un navire anglais est encore visible au numéro 89 d'une maison **du Cours Lafayette.**

Port (Petite Rade)

Des excursions en bateau partent d'ici pour visiter les chantiers navals où toutes sortes de bateaux sont démantelés et réparés, ainsi que les fermes de moules et les belles **plages du Mourillon.**

Génie de la Navigation (Culverville)

Sur l'avenue maritime, la statue du Génie de la Navigation, œuvre de 1840 réalisée en l'honneur du dernier **roi de France, Louis-Philipp**e, offre une vue sensationnelle sur le port.

Derrière cette statue se trouve **l'hôtel de ville** de Toulon, qui présente des décorations du XVIIe siècle.

Musée maritime

Situé à proximité du port, il abrite une vaste collection d'objets de navigation, de navires et de maquettes du XVIIIe siècle, dont des reproductions des batailles navales de la Seconde Guerre mondiale.

http://www.musee-marine.fr/toulon

Musée de la Marine

Grand Hôtel, Place de la Liberté, fontaine

Musée des Arts Asiatiques (MAA).

Situé à proximité du port, sur l'avenue maritime de Toulon, à l'intérieur du **palais Jules Verne.**

Le musée conserve une vaste collection d'objets en céramique et en bronze, utilisés dans les temples et les palais de Chine, d'Inde et du Japon.

https://toulontourisme.com/fiche/musee-des-arts-asiatiques-2/

◄ **Musée des Arts Asiatiques (MAA)**

Marché provençal

Situé sur **le Cours Lafayette,**
à proximité du port, où un marché
de produits frais régionaux est installé
tous les lundis matin.

Mont Faron

Cette montagne peut être escaladée depuis Toulon en téléphérique ou par la route escarpée qui est l'une des étapes du célèbre **Tour Méditerranéen,** course cycliste **Paris-Nice.**

Dans cette zone boisée de la ville, se trouve **le zoo** et **le musée Operation Dragon**, le nom donné au débarquement allié qui a libéré le sud de la France pendant la Seconde Guerre mondiale, avec toutes sortes d'objets et de matériel multimédia des événements historiques qui s'est produit à Toulon et en Provence.

Sentier Tour Royale-Mourillon

Elle débute à **la Tour Royale**, en traversant le port, et l'emblématique **plage de la Mitre**, avec son rocher vertical dans la partie centrale, pour se terminer dans le **quartier du Mourillon.**

Il a de nombreux points de vue.

La plage de la Mitre

Sentier du Mourillon

Gare de Toulon

Bandol

Villa située à 20 kilomètres de Toulon est connue pour produire les meilleurs vins de Provence, issus du cépage **Mourvèdre**.

Bandol

Promenade Paul Richard

Bandol

Le Castellet

Petite cité médiévale située près de **Bandol** où se trouve le musée du vin, avec toutes sortes d'objets liés à la fabrication de ce produit.

Vous pourrez également y déguster les meilleurs vins de la région. **https://www.ray-jane.fr/**

◄ Île de Bendor et Statue de Neptune ►

Îla de Bendor

Avis de l'auteur

L'auteur, diplômé en droit et passionné d'histoire et de culture classique, a publié sur Kindle une vaste collection d'ouvrages consacrés aux villes et monuments d'Espagne et de la ville de Rome, parmi lesquels nous pouvons souligner :

-Rome et ses monuments.

-Guide de voyage de Rome. Découvrez la ville.

-Tout Naples.Guide de voyage.

-Barcelone et ses monuments.Guide de voyage

-Se promener dans Madrid.Apprenez à connaître la ville étape par étape.

-Marcher à travers Madrid, Aranjuez, El Escorial, Tolède, Ségovie.

-Marcher à travers Cordoue et Grenade.

-Séville, Cordoue et Grenade.Guide de voyage.

-Grenade, guide de voyage : monuments, histoire, curiosités, légendes.

-Toledo, guide de voyage : monuments, histoire, curiosités, légendes.

-Ségovie Guide de voyage.

-Ávila, un joyau médiéval.

-La Route de Don Quichotte.Les Moulins de La Manche.

-Saint Jacques de Compostelle.Guide de voyage.
-Temples Mayas, Côte Mexicaine.Guide de voyage.
-Île de La Palma : sentiers, volcans et étoiles.
-Lazarote, Paradis d'eau, de sable et de feu.
-Fuerteventura, Plages, Volcans et Dunes.
-Île de Tenerife.Plages, monuments, paysages.
-Grande Canarie.Guide de Voyage.
-Madère, l'île aux fleurs.
-Pompei, Herculanum, Îlles de Capri et Ischia.Guide de voyage.
-Florence, Pise et Sienne.Joyaux de la Toscane. Guide de voyage.
-Venise, un rêve à vivre.Guide de voyage.
-Vérone, la Ville de Roméo et Juliette.
-Côte de la Croatie.Guide de voyage.
-Temples Grecques.Guide de voyage
-Jordanie, joyau du désert, guide de voyage.
-Égypte, temples du Nil. Guide de voyage.
-Istanbul et Anatolie.Guide de voyage.
-Monuments et villes bibliques, Égypte, Israël et Jordanie.
-Émirats árabes, Qatar et Doha.Les Perles du Golfe.
-La Sardaigne, la plus belle île.
-La Sicile, La Perle du Sud.
-La Corse, L'Île de la Beauté.
-Minorque, Bain d'eau et de soleil.

Merci
-https://upload.wikimedia.org/wikipedia/commons/thumb/2/2b/Côte_d'Azur_map.png/1280px-Côte_d'Azur_map.png
Author openStreetMap contributors SRTM Daten: NASA
Rendering: Pechristener
-https://es.m.wikipedia.org/wiki/Archivo:French_Salade_nicoise_(4520629066).jpg .Autor Katrin Gilger

-https://es.m.wikipedia.org/wiki/Archivo:Monaco_680.JPG
Autor Ivelin Vraykov
-https://es.m.wikipedia.org/wiki/Archivo:Casinò_-_panoramio.jpg
Autor Cristian Lorini
-https://es.m.wikipedia.org/wiki/Archivo:Monte_Carlo_Casino_Monaco.jpg Amin
-https://fr.m.wikipedia.org/wiki/Fichier:Cathedrale-Notre-Dame-Immaculee-de-Monaco-byBelleSoeur2Rundvald-2.jpg Rundvald
-https://fr.m.wikipedia.org/wiki/Fichier:Monaco-Cathedrale-ND-Immaculee.jpg Rundvald
-https://fr.m.wikipedia.org/wiki/Fichier:Monaco_-_panoramio_(40).jpg .Auteur avu-edm
-https://fr.m.wikipedia.org/wiki/Fichier:Orgue_cathedrale_Monaco.JPG
Abxbay
-https://es.m.wikipedia.org/wiki/Archivo:Panorama_schloss_monaco.jpg Berthold Werner.
-https://es.m.wikipedia.org/wiki/Archivo:Royal_Palace_Monaco_plan2.svgAutor mcginnly, converted to SVG by DTR
-https://es.m.wikipedia.org/wiki/Archivo:Palais_de_Monaco.jpg
Antonu
-https://upload.wikimedia.org/wikipedia/commons/thumb/d/de/Monaco_IMG_0997.jpg/320px-Monaco_IMG_0997.jpg Alexander Migl
-https://commons.m.wikimedia.org/wiki/File:Jardin_Exotique_de_Monaco2.jpg Katonams
-https://es.m.wikipedia.org/wiki/Archivo:Panoramio_-_V%26A_Dudush_-_Plage.jpg
-https://es.m.wikipedia.org/wiki/Archivo:Monaco_aerial.jpg
Einaz80
-https://en.m.wikipedia.org/wiki/File:Panoramio_-_V%26A_Dudush_-_Avenue_Princesse_Grace_(1).jpg V&A Dudush

-https://es.m.wikipedia.org/wiki/Archivo:Nice_tour_Saint-Francois.jpg Myrabella

-https://upload.wikimedia.org/wikipedia/commons/thumb/3/34/Italia_1843.svg/500px-Italia_1843.svg.png Image:Italy 1494shepherd.jpg.Autor Gigillo83

-https://es.m.wikipedia.org/wiki/Archivo:Nice-plage-baie-des-Anges.jpg Rundvald

-https://es.m.wikipedia.org/wiki/Archivo:Nice_Panorama_Beachfront_Cropped.jpg

-https://commons.wikimedia.org/wiki/File:Nice_Panorama_Beachfront.jpg.Autor Michaelphillipr

-https://es.m.wikipedia.org/wiki/Archivo:Dscn0062-nice-port-castle-hill_crop_1200x600.jpg W. M. Connolley

-https://es.m.wikipedia.org/wiki/Archivo:Nice_France_2007_06_27.JPEG Misha Stepanov

-https://es.m.wikipedia.org/wiki/Archivo:Nice_Malonat.jpg Myrabella

-https://es.m.wikipedia.org/wiki/Archivo:NIKAIA-Port-VueSud_2007-03-03.jpg Patrice Semeria

-https://es.m.wikipedia.org/wiki/Archivo:Ancien_palace_Excelsior_Hôtel_Régina_à_Nice.jpg Velvetia

-https://es.m.wikipedia.org/wiki/Archivo:Cathedrale_Sainte-Reparate_Nice.jpg Myrabella

-https://es.m.wikipedia.org/wiki/Archivo:La_Cathedrale_Orthodoxe_Russe_Saint-Nicolas_2.jpg.BertS

-https://es.m.wikipedia.org/wiki/Archivo:NIKAIA-buffa008_EglAnglicane.jpg Patrice Semeria

-https://es.m.wikipedia.org/wiki/Archivo:Nice_4.jpg.Miccaela

-https://es.m.wikipedia.org/wiki/Archivo:Cascade_Nice.JPG Aimelaime

-https://es.m.wikipedia.org/wiki/Archivo:Musee_Matisse_2.jpg bchookang

-https://upload.wikimedia.org/wikipedia/commons/thumb/e/ea/Bataille_de_fleurs._2020-02-22_15-23-33.jpg/320px-Bataille_de_fleurs._2020-02-22_15-23-33.jpg Shesmax

-https://es.m.wikipedia.org/wiki/Archivo:Garibaldi_Niza.jpg A25031957a

-https://fr.m.wikipedia.org/wiki/Fichier:NIKAIA-rossetti_PlW.jpg Patrice Semeria

-https://fr.m.wikipedia.org/wiki/Fichier:Croix_de_marbre.jpg CHRIS230

-https://fr.m.wikipedia.org/wiki/Fichier:Promenadedesanglais.jpg Baptiste Rossi

-https://upload.wikimedia.org/wikipedia/commons/thumb/0/0e/Nice_port.jpg/320px-Nice_port.jpg Myrabella

-https://fr.m.wikipedia.org/wiki/Fichier:Palais_des_rois_de_Sardaigne_02.jpg Miniwark

-https://es.m.wikipedia.org/wiki/Archivo:Notre-Dame_de_Nice_PC250048_(50551243457).jpg Teresa Grau Ros

-https://en.m.wikipedia.org/wiki/File:Nice-VieilleVille-EgliseGesu-facade.jpg Author p.semeria Nice (France)

-https://fr.m.wikipedia.org/wiki/Fichier:Musée_Marc_Chagall.jpg Europe22

-https://es.m.wikipedia.org/wiki/Archivo:Hôtel_5_étoiles_Le_Negresco.jpg Montgomery06

https://fr.m.wikipedia.org/wiki/Fichier:Café_de_Turin.jpgPeter Bigler

-https://es.m.wikipedia.org/wiki/Archivo:Socca_in_Nice.jpg Paul Downey from Berkhamsted, UK

-https://upload.wikimedia.org/wikipedia/commons/thumb/1/18/Shakshuka_by_Calliopejen1.jpg/320px-Shakshuka_by_Calliopejen1.jpg

Calliopejen1
-https://commons.m.wikimedia.org/wiki/File:NICE_Palais_Masséna_(2).JPG Promeneuse7
https://en.m.wikipedia.org/wiki/File:Place-Masséna_01.jpgMagali M
-https://fr.m.wikipedia.org/wiki/Fichier:NIKAIA-StAugustin-2007-03-16_010.jpg Patrice Semeria
-https://fr.m.wikipedia.org/wiki/Fichier:Nizza.jpg Urbanus sur Wikipédia allemand .
-https://fr.m.wikipedia.org/wiki/Fichier:Ancien_hôtel_Alhambra_à_Nice.jpg Velvetia
-https://fr.m.wikipedia.org/wiki/Fichier:Palais_de_la_méditérranée.jpg KIWILY
-https://fr.m.wikipedia.org/wiki/Fichier:Jardin_Albert_1er.jpg Omar Ansari
-https://fr.m.wikipedia.org/wiki/Fichier:Chateau_de_Crémat.jpg Communicationchateaucremat
-https://es.m.wikipedia.org/wiki/Archivo:Le_château_de_l'anglais_nice.jpg CHRIS BONTEMPS
-https://fr.m.wikipedia.org/wiki/Fichier:Le_chateau_vu_du_jardin.jpg Alexandra Touroff
-https://fr.m.wikipedia.org/wiki/Fichier:PalaisMaeterlinck.jpeg Stéphane Marguet
-https://fr.m.wikipedia.org/wiki/Fichier:Palais_de_marbre_nice.jpg CHRIS230
-https://upload.wikimedia.org/wikipedia/commons/thumb/e/ed/Lascaris2.JPG/180px-Lascaris2.JPG Nataraja
-https://es.m.wikipedia.org/wiki/Archivo:Palais_Lascaris_-_salon_d'honneur.jpg dalbera
-https://fr.m.wikipedia.org/wiki/Fichier:NIKAIA-steleCentraleDebut.jpg Auteur Patrice Semeria

-https://fr.m.wikipedia.org/wiki/Fichier:Hotel_Boscolo_Exedra_(Nice)_en_mars_2022.JPG Benoît Prieur

-https://es.m.wikipedia.org/wiki/Archivo:Ratatouille02.jpg Tomáš Zeleninský

-https://en.m.wikipedia.org/wiki/File:Avenue_Jean-Médecin_-_Place_Masséna_-_Nice.jpg mwanasimba

-https://en.m.wikipedia.org/wiki/File:Musée_international_d'art_naïf_Anatole_Jakovsky_Nice.jpg.Author patrick janicek

-https://fr.m.wikipedia.org/wiki/Fichier:Monument_aux_morts_P1010207.JPG Jesmar

-https://fr.m.wikipedia.org/wiki/Fichier:Saint-Martin-Vésubie_-_Maison_des_comtes_de_Gubernatis.JPG MOSSOT

-https://es.m.wikipedia.org/wiki/Archivo:Pan-bagnat_1.jpg kochtopf

-https://en.m.wikipedia.org/wiki/File:Daube_de_boeuf.JPG Véronique PAGNIER

-https://fr.m.wikipedia.org/wiki/Fichier:Daube_de_boeuf_carottes.jpg.Auteur tpholland

-https://es.m.wikipedia.org/wiki/Archivo:Eze-Village-PACA-France.jpg Gilbert Bochenek

-https://fr.m.wikipedia.org/wiki/Fichier:Villa_Ephrussi_de_Rothschild_BW_2011-06-10_11-24-41.JPG Berthold Werner

-https://fr.m.wikipedia.org/wiki/Fichier:Villa_La_Belle_Époque_01.jpg Miniwark

-https://fr.m.wikipedia.org/wiki/Fichier:Nice_Musée_Masséna_02.jpg.Cayambe

-https://upload.wikimedia.org/wikipedia/commons/thumb/b/b5/Musée_Matisse_Nice_Front.jpg/320px-Musée_Matisse_Nice_Front.jpg Auteur takato marui

-https://commons.m.wikimedia.org/wiki/File:06230_Villefranche-sur-Mer,_France_-_panoramio_(4).jpg.Author mphb45

-https://es.m.wikipedia.org/wiki/Archivo:Eze-Cap_Ferrat.jpg Berthold Werner

-https://es.m.wikipedia.org/wiki/Archivo:Port_de_Beaulieu-sur-Mer.JPG Florian Pépellin

-https://es.m.wikipedia.org/wiki/Archivo:Pastis1.jpg Peng

-https://fr.m.wikipedia.org/wiki/Fichier:Tourte_de_blettes.jpg Assassas77

-https://fr.m.wikipedia.org/wiki/Fichier:Campus_de_Nice.jpg Auteur Antonio Zugaldia

-https://es.m.wikipedia.org/wiki/Archivo:Cimetière_Colline_du_Château_Nice.JPG Tubantia

-https://upload.wikimedia.org/wikipedia/commons/thumb/6/66/Mairie-Saint-Roch-37-Vue-Depuis-Sud-2013.jpg/320px-Mairie-Saint-Roch-37-Vue-Depuis-Sud-2013.jpg Maxxx.A.K.A.

-https://upload.wikimedia.org/wikipedia/commons/thumb/6/67/Antibes_vieille_ville_mai_2014.JPG/320px-Antibes_vieille_ville_mai_2014.JPG Abxbay

-https://commons.m.wikimedia.org/wiki/File:Antibes_Cathedrale.jpg Olivier2000

-https://commons.m.wikimedia.org/wiki/File:Antibes_fort_carre_et_monument.JPG Abxbay

-https://upload.wikimedia.org/wikipedia/commons/thumb/d/d2/Antibes_fort_carre.JPG/320px-Antibes_fort_carre.JPG Abxbay

-https://commons.m.wikimedia.org/wiki/File:Antibes_Museum_Picsso.jpg Clemensfranz

-https://upload.wikimedia.org/wikipedia/commons/thumb/7/70/Chateau_grimaldi_musee_picasso_cathedrale_Antibes.jpg/320px-Chateau_grimaldi_musee_picasso_cathedrale_Antibes.jpg Aimelaime

https://commons.m.wikimedia.org/wiki/File:Antibes_Tour_Grimaldi.jpg Patrick Rouzet

-https://upload.wikimedia.org/wikipedia/commons/thumb/9/96/Villa_Eilenroc_ouest.JPG/320px-Villa_Eilenroc_ouest.JPG Dacoucou

-https://upload.wikimedia.org/wikipedia/commons/thumb/1/15/Fontaine_clemenceau_Antibes.JPG/178px-Fontaine_clemenceau_Antibes.JPG Aimelaime

-https://upload.wikimedia.org/wikipedia/commons/thumb/b/b0/Центральная_площадь_-_panoramio_(13).jpg/320px-Центральная_площадь_-_panoramio_(13).jpg.Author Alkhimov Maxim

-https://upload.wikimedia.org/wikipedia/commons/thumb/8/8c/Plaque_safranier_Antibes.JPG/180px-Plaque_safranier_Antibes.JPG Aimelaime

-https://upload.wikimedia.org/wikipedia/commons/thumb/f/f7/CannesCalifornie.jpg/320px-CannesCalifornie.jpg Gilbert Bochenek

-https://ca.m.wikipedia.org/wiki/Fitxer:MuseePicassoAntibes_interiors.jpg David Baron from Palo Alto, California, USA

-https://fr.m.wikipedia.org/wiki/Fichier:Port-Abri_de_l'Olivette.jpg Egaowakaii

-https://fr.m.wikipedia.org/wiki/Fichier:Plage_gravette_Antibes.JPG Aimelaime

-https://fr.m.wikipedia.org/wiki/Fichier:Courtade_-_01.JPG Prométhée33

https://fr.m.wikipedia.org/wiki/Fichier:Леринские_острова_и_массив_Эстерель.jpg.Auteur И. Максим Массалитин

-https://fr.m.wikipedia.org/wiki/Fichier:Bormes2009.jpg Gfmorin

-https://upload.wikimedia.org/wikipedia/commons/thumb/8/8d/P1000662_La_Maison_du_Lavandou.JPG/180px-P1000662_La_Maison_du_Lavandou.JPG Stefi123

-https://fr.m.wikipedia.org/wiki/Fichier:Anthéor-Pic_du_Cap_Roux-France.JPG Gilbert Bochenek

-https://fr.m.wikipedia.org/wiki/Fichier:Baie_de_Golfe_Juan.JPG Florian Pépellin (Floflo)

-https://commons.m.wikimedia.org/wiki/File:Plage_du_ponteil_antibes.JPG Abxbay

-https://fr.m.wikipedia.org/wiki/Fichier:JuanLesPinsDepuisLeCap.jpg.A meilland

-https://commons.m.wikimedia.org/wiki/File:Plage_de_la_salis.JPG Abxbay

-https://fr.m.wikipedia.org/wiki/Fichier:Truyère_Grandval.jpg.Adbar

-https://upload.wikimedia.org/wikipedia/commons/thumb/1/19/Beach_in_France_riviera.jpg/320px-Beach_in_France_riviera.jpg Tiia Monto

-https://commons.m.wikimedia.org/wiki/File:Baie_des_Milliardaires_Cap_d_Antibes_03.jpg Abxbay

-https://upload.wikimedia.org/wikipedia/commons/thumb/2/22/Cap_d´_Antibes_-_panoramio_(2).jpg/320px-Cap_d´_Antibes_-_panoramio_(2).jpg.Author avu-edm

-https://commons.m.wikimedia.org/wiki/File:Plage_de_la_garoupe.jpg Abxbay

-https://commons.m.wikimedia.org/wiki/File:Antibes,_Juan_Les_Pins.JPG Jwieski

-https://upload.wikimedia.org/wikipedia/commons/thumb/0/09/Streets_in_Antibes_016.jpg/180px-Streets_in_Antibes_016.jpg Abxbay

-https://commons.m.wikimedia.org/wiki/File:Picasso_Vallauris.JPG Dacoucou

-https://upload.wikimedia.org/wikipedia/commons/thumb/b/b3/Château_de_Vallauris_02.jpg/320px-Château_de_Vallauris_02.jpg François de Dijon

-https://commons.m.wikimedia.org/wiki/File:Tasse_rouge.jpg Bachelot Pierre J-P

-https://upload.wikimedia.org/wikipedia/commons/thumb/f/fd/TER_PACA_Z26500_-_1.JPG/320px-TER_PACA_Z26500_-_1.JPG
Kevin.B
-https://upload.wikimedia.org/wikipedia/commons/thumb/c/c7/Ile_Sainte_Marguerite_-_panoramio_-_Alistair_Cunningham_(7).jpg/320px-Ile_Sainte_Marguerite_-_panoramio_-_Alistair_Cunningham_(7).jpg
Author Alistair Cunningham
-https://upload.wikimedia.org/wikipedia/commons/thumb/4/4e/Juan-Les-Pins_-_Boulevard_du_Maréchal_Juin_-_ICE_Fisheye_View_NNW_on_Golfe_Juan.jpg/320px-Juan-Les-Pins_-_Boulevard_du_Maréchal_Juin_-_ICE_Fisheye_View_NNW_on_Golfe_Juan.jpg Txllxt TxllxT
-https://fr.m.wikipedia.org/wiki/Fichier:Delphin_Massier_Vase_cornet_femme_libellule.jpg Patrick.charpiat
-https://fr.m.wikipedia.org/wiki/Fichier:Gerbino,_Vallauris,_vase_(3).JPG
-https://upload.wikimedia.org/wikipedia/commons/thumb/3/3f/Cannes_-_port_et_croisette.jpg/320px-Cannes_-_port_et_croisette.jpg
Christophe.Finot
-https://upload.wikimedia.org/wikipedia/commons/thumb/b/b5/Saint_Tropez_Ville.jpg/320px-Saint_Tropez_Ville.jpg Ryodo477
-https://upload.wikimedia.org/wikipedia/commons/thumb/2/23/Sainttropez-4-big.jpg/1024px-Sainttropez-4-big.jpg.Marc Desbordes
-https://es.m.wikipedia.org/wiki/Archivo:Saint_Tropez_-_Église_Notre-Dame-de-l'Assomption_de_Saint-Tropez.jpg.Ladislaus Hoffner
-https://es.m.wikipedia.org/wiki/Archivo:Saint-Tropez_-_Donjon_de_la_Citadelle.jpg Starus
-https://en.m.wikipedia.org/wiki/File:From_the_ferry_to_Ile_Sainte_Marguerite_-_panoramio_-_Alistair_Cunningham.jpg.Author Alistair Cunningham
-https://fr.m.wikipedia.org/wiki/Fichier:Cannes,_Rue_d'Antibes_and_Ru

e_d'Oran_-_panoramio.jpg.Auteur Frans-Banja Mulder

-https://upload.wikimedia.org/wikipedia/commons/thumb/e/e4/Le_Suquet_06.jpg/320px-Le_Suquet_06.jpg Miniwark

-https://it.m.wikipedia.org/wiki/File:Des_batiments_2.jpg Museesc

-https://es.m.wikipedia.org/wiki/Archivo:La_Croisette-Cannes-France.JPG Gilbert Bochenek

-https://upload.wikimedia.org/wikipedia/commons/thumb/f/f4/..cannes.._(42685455170).jpg/320px-..cannes.._(42685455170).jpg Ștefan Jurcă from Cannes, France

-https://upload.wikimedia.org/wikipedia/commons/thumb/2/21/2016_Palais_des_festivals.jpg/320px-2016_Palais_des_festivals.jpg Jordiferrer

-https://en.m.wikipedia.org/wiki/File:Gare_de_Cannes_-_La_Bocca_(2014).JPG Florian Pépellin

-https://en.m.wikipedia.org/wiki/File:Hôtel_Majestic_Barrière_(2014).JPG Florian Pépellin

-https://upload.wikimedia.org/wikipedia/commons/thumb/8/85/Church_and_monastery_of_the_Lérins_Abbey.jpg/1024px-Church_and_monastery_of_the_Lérins_Abbey.jpg Alberto Fernandez Fernandez

-https://es.m.wikipedia.org/wiki/Archivo:IleSte-MargueriteCannes.jpg Gilbert Bochenek

-https://fr.m.wikipedia.org/wiki/Fichier:Musée_de_la_Mer,_Cannes.JPG Museesc

-https://commons.m.wikimedia.org/wiki/File:Tour_du_Masque,_Cannes,_Provence-Alpes-Côte_d'Azur,_France_-_panoramio.jpg.M.Strīķis

-https://upload.wikimedia.org/wikipedia/commons/thumb/5/51/Cannes_Côte_D_'_Azur_Lake_Promenade_Palm_Trees.jpg/320px-Cannes_Côte_D_'_Azur_Lake_Promenade_Palm_Trees.jpg.hpgruesen

-https://upload.wikimedia.org/wikipedia/commons/thumb/a/aa/Palme_d'Or_gold_silhouette.svg/320px-Palme_d'Or_gold_silhouette.svg.png

Festival de Cannes
-https://fr.m.wikipedia.org/wiki/Fichier:Cannes_-_Quai_Saint-Pierre.jpg
Tiia Monto
-https://upload.wikimedia.org/wikipedia/commons/thumb/6/6f/Vue_du_vieux_port_de_Saint-Raphaël_depuis_la_grande_roue.jpg/320px-Vue_du_vieux_port_de_Saint-Raphaël_depuis_la_grande_roue.jpg
Ylann M.
-https://fr.m.wikipedia.org/wiki/Fichier:Cannes_-_Marché_Forville_-1.JPG MOSSOT
-https://upload.wikimedia.org/wikipedia/commons/thumb/0/01/Cannes_Vieux_Port_01.jpg/320px-Cannes_Vieux_Port_01.jpg Spike
-https://upload.wikimedia.org/wikipedia/commons/thumb/b/b4/Phare_Vieux-Port_de_Cannes.jpg/320px-Phare_Vieux-Port_de_Cannes.jpg
DSC_5388.Autor Oliver Steiner from Hamburg, Germany
-https://upload.wikimedia.org/wikipedia/commons/thumb/7/73/Cannes_-_ruelle.jpg/180px-Cannes_-_ruelle.jpg Christophe.Finot
-https://es.m.wikipedia.org/wiki/Archivo:MairieFréjus.JPG Cyrilb1881
-https://fr.m.wikipedia.org/wiki/Gare_de_Boulouris-sur-Mer Cyrilb1881
-https://es.m.wikipedia.org/wiki/Archivo:Calanque_du_Petit_Canereit-Massif_de_l'Esterel.jpg Tobi 87
-https://fr.m.wikipedia.org/wiki/Fichier:BasiliqueStRaphaël.JPG
Cyrilb1881
-https://upload.wikimedia.org/wikipedia/commons/1/19/La_Cornisa_de_Oro.jpg Lluniorr
-https://es.m.wikipedia.org/wiki/Archivo:IlDor.JPG Yesuitus2001
-https://fr.m.wikipedia.org/wiki/Fichier:Îlot_du_Lion_de_Mer_à_Saint-Raphaël_(avril_2019).JPG Florian Pépellin
-https://fr.m.wikipedia.org/wiki/Fichier:Massif_de_L'Esterel.JPG
Gilbert Bochenek
-https://fr.m.wikipedia.org/wiki/Fichier:France-Esterel_-Rochers.JPG

Gilbert Bochenek

-https://commons.m.wikimedia.org/wiki/File:Pampelone_Saint_Tropez_2.jpg Arnaud 25

-https://commons.m.wikimedia.org/wiki/File:La_plage_de_tahiti2011.jpg Pgmail

-https://commons.m.wikimedia.org/wiki/File:Municipal_(townhall)_of_Saint-Tropez_with_lovely_colours_-_panoramio.jpg.Henk Monster

-https://upload.wikimedia.org/wikipedia/commons/thumb/5/55/Saint-Tropez_-_Canons_de_la_Citadelle.jpg/320px-Saint-Tropez_-_Canons_de_la_Citadelle.jpg Starus

-https://upload.wikimedia.org/wikipedia/commons/5/5b/The_Castle_of_Saint-Tropez.jpg.Leon petrosyan

-https://fr.m.wikipedia.org/wiki/Fichier:La_Plage_La_Moune_à_Gassin.jpg Office de tourisme de Gassin

-https://fr.m.wikipedia.org/wiki/Fichier:View_Cap_Camarat.jpg Wusel007

-https://fr.m.wikipedia.org/wiki/Fichier:Cap_Taillat_002.JPGJohan N

-https://upload.wikimedia.org/wikipedia/commons/thumb/9/98/Ramatuelle_Panorama.jpg/1024px-Ramatuelle_Panorama.jpg En-bateau

-https://fr.m.wikipedia.org/wiki/Fichier:View_Cap_Camarat.jpg Wusel007

-https://es.m.wikipedia.org/wiki/Archivo:Bernieres-sur-mer-monument-debarquement.jpg Autor Nitot

-https://en.m.wikipedia.org/wiki/File:Náměstí_v_St.Tropez.jpg BrckoGOS

-https://en.m.wikipedia.org/wiki/File:Tarte_Tropezienne.jpg Robertemoore

-https://fr.m.wikipedia.org/wiki/Fichier:Cap_d'antibes-PACA-Sentier_du_littoral-gb.jpg Gilbert Bochenek

-https://fr.m.wikipedia.org/wiki/Fichier:Promenade_Le_Corbusier-Cap_

Martin-France_PACA.JPG Gilbert Bochenek
-https://fr.m.wikipedia.org/wiki/Fichier:20211209_122308_Le_sentier_du_littoral_à_Saint-Jean-Cap-Ferrat.jpg Horizon06
-https://upload.wikimedia.org/wikipedia/commons/thumb/6/62/Rochers_du_sentier_des_douaniers_-_Les_Issambres.JPG/320px-Rochers_du_sentier_des_douaniers_-_Les_Issambres.JPG André ALLIOT .
-https://fr.m.wikipedia.org/wiki/Fichier:Phare_de_la_Garoupe.jpg Idarvol
-https://fr.m.wikipedia.org/wiki/Fichier:Golfe-de-La-Napoule-France-gb.JPG Gilbert Bochenek
-https://fr.m.wikipedia.org/wiki/Fichier:Chemin_contrebandiers_Antibes_Cap.jpg Aimelaime
-https://fr.m.wikipedia.org/wiki/Fichier:Cap_d'antibes-PACA-Sentier_du_littoral-gb.jpg Gilbert Bochenek
-https://es.m.wikipedia.org/wiki/Archivo:Port_Cros.jpg Vincent
-https://es.m.wikipedia.org/wiki/Archivo:IlDor.JPGYesuitus2001
-https://es.m.wikipedia.org/wiki/Archivo:BeachIleDuLevant.jpg Devchonka
-https://fr.m.wikipedia.org/wiki/Fichier:Sentier_rive_sud_du_lac_Saint-Clair_à_Détrier_(été_2020).JPG Florian Pépellin
-https://upload.wikimedia.org/wikipedia/commons/thumb/6/6e/Baie_de_Cavalaire_(vue_aérienne).jpg/320px-Baie_de_Cavalaire_(vue_aérienne).jpg Starus
-https://upload.wikimedia.org/wikipedia/commons/thumb/8/86/MairieFréjus.JPG/320px-MairieFréjus.JPG Cyrilb1881
-https://es.m.wikipedia.org/wiki/Archivo:Chapelle_du_village.JPG Sébastien Thébault
-https://es.m.wikipedia.org/wiki/Archivo:Hyeres_aeroport_porquerolles.JPG Denis Biette
-https://upload.wikimedia.org/wikipedia/commons/thumb/c/c8/Panor

ama_de_Grimaud.jpg/1024px-Panorama_de_Grimaud.jpg
Gilles Perréal
-https://commons.m.wikimedia.org/wiki/File:Grimaud_IV-03-04-2005-0
10.jpg Author Edmond Mersch (Edemar/Mared/de.wikipedia)
-https://es.m.wikipedia.org/wiki/Archivo:Collobrieres-Place_de_la_Libé
ration.JPG Net-breuer
-https://commons.m.wikimedia.org/wiki/File:Bormes-les-Mimosas_(83)
_-_Fort_de_Brégançon.JPG Patrub01
-https://upload.wikimedia.org/wikipedia/commons/thumb/2/27/Fort_
de_Brégançon_2008_09_07.JPG/320px-Fort_de_Brégançon_2008_09_0
7.JPG Technob105
-https://commons.m.wikimedia.org/wiki/File:Cathédrale_Notre-Dame_
Seds_Toulon_3.jpg Chabe01
-https://en.m.wikipedia.org/wiki/File:Tour_royale.jpgJodelet/Lépinay
https://en.m.wikipedia.org/wiki/File:Opéra-Toulon.jpg Baptiste Rossi
-https://en.m.wikipedia.org/wiki/File:Toulon_Fountains_2.jpg
SiefkinDR
-https://en.m.wikipedia.org/wiki/File:Toulon_Fountains_4.jpg SiefkinDR
-https://en.m.wikipedia.org/wiki/File:Toulon_Place_Puget_Fountain.jpg
SiefkinDR
-https://en.m.wikipedia.org/wiki/File:Toulon_place_de_la_liberté-fontai
ne.jpg Pinpin
-https://en.m.wikipedia.org/wiki/File:Toulon_Rade_and_Arsenal.jpg
SiefkinDR
-https://en.m.wikipedia.org/wiki/File:Toulon_Fountains_1.jpg
SiefkinDR
-https://en.m.wikipedia.org/wiki/File:Wikipedia-porte-italie.jpg
Jacques Lahitte
-https://en.m.wikipedia.org/wiki/File:2016_Toulon_-_Hafen.jpg
Ladislaus Hoffner

-https://commons.m.wikimedia.org/wiki/File:Plage_de_la_Mître_-_Toulon_-_2015-07-31-_P1160914.jpg Esby
-https://upload.wikimedia.org/wikipedia/commons/thumb/9/90/Anse_de_Sablettes.jpg/320px-Anse_de_Sablettes.jpg Rotavdrag
-https://commons.m.wikimedia.org/wiki/File:Mourillon,_Toulon,_Provence-Alpes-Côte_d'Azur,_France_-_panoramio.jpg
-https://web.archive.org/web/20161102211803/http://www.panoramio.com/photo/91628833.Author trolvag
-https://upload.wikimedia.org/wikipedia/commons/thumb/1/1c/83-Toulon-AAV2020.png/288px-83-Toulon-AAV2020.png Roland45
-https://commons.m.wikimedia.org/wiki/File:Map_Toulon.jpg OpenStreetMap contributors
-https://upload.wikimedia.org/wikipedia/commons/thumb/b/b3/Railway_map_of_France_-_Toulon_-_animated_-_fr.gif/1280px-Railway_map_of_France_-_Toulon_-_animated_-_fr.gif Benjamin Smith
-https://upload.wikimedia.org/wikipedia/commons/thumb/1/12/Mont_faron.jpg/320px-Mont_faron.jpg Versant Nord.
-https://fr.m.wikipedia.org/wiki/Fichier:Génie_de_la_navigation.JPG Johnjohn83var
-https://fr.m.wikipedia.org/wiki/Fichier:Petite_rade_de_Toulon_(vue_du_Mont_Faron).jpg Pierre Sénard
-https://es.m.wikipedia.org/wiki/Archivo:Toulon_Fort_St._Louis_(3).jpg SiefkinDR
-https://fr.m.wikipedia.org/wiki/Fichier:Cuisson_de_beignets.JPG Thesupermat
-https://es.m.wikipedia.org/wiki/Archivo:Fougasse_1.jpg.
Autor https://www.flickr.com/photos/70253321@N00
-https://es.m.wikipedia.org/wiki/Archivo:Le_Castellet-monument.jpg Pierre Bona
-https://commons.m.wikimedia.org/wiki/File:Toulon_Naval_Museum.jp

g SiefkinDR
-https://commons.m.wikimedia.org/wiki/File:Bandol_vu_des_calanques_le_soir_en_été.jpg Melendil (Discuter)
-https://upload.wikimedia.org/wikipedia/commons/thumb/6/6b/Bandol%2C_France_-_panoramio_(1).jpg/320px-Bandol%2C_France_-_panoramio_(1).jpg.Author cosmopolitan-views
-https://fr.m.wikipedia.org/wiki/Fichier:Bd_de_Strasbourg,_Toulon,_Provence-Alpes-Côte_d'Azur,_France_-_panoramio.jpg.M.Strīķis
-https://fr.m.wikipedia.org/wiki/Fichier:Toulon-Cours-Lafayette.jpg Baptiste Rossi
-https://commons.m.wikimedia.org/wiki/File:Toulon-Saint-François.jpg Siren-Com
-https://upload.wikimedia.org/wikipedia/commons/thumb/b/b0/Grand_Hôtel_Toulon_1.jpg/320px-Grand_Hôtel_Toulon_1.jpg Chabe01
https://commons.m.wikimedia.org/wiki/File:Palais_Justice_Toulon_1.jpg Chabe01
-https://upload.wikimedia.org/wikipedia/commons/d/d3/Musee-arts-asiatiques-toulon-entree.jpg Aurelie Chaumat
-https://commons.m.wikimedia.org/wiki/File:Musée_nationale_de_la_marine.jpg Pinpin
-https://upload.wikimedia.org/wikipedia/commons/thumb/7/75/Tour_Horloge_Arsenal_Toulon_1.jpg/320px-Tour_Horloge_Arsenal_Toulon_1.jpg Chabe01
-https://upload.wikimedia.org/wikipedia/commons/thumb/4/4d/Gare_de_Toulon.JPG/320px-Gare_de_Toulon.JPG Florian Pépellin
https://commons.m.wikimedia.org/wiki/File:ILE_DE_BENDOR_Statue_de_Neptune.jpg Author Eric HOUDAS
-https://commons.m.wikimedia.org/wiki/File:ILE_DE_BENDOR_Le_port_(1).jpg Eric HOUDAS
-https://commons.m.wikimedia.org/wiki/File:ILE_DE_BENDOR_(20).jpg

Eric HOUDAS

-https://commons.m.wikimedia.org/wiki/File:Prom._Paul_Ricard,_83150_Bandol,_France_-_panoramio.jpg.Author cosmopolitan-views

-https://upload.wikimedia.org/wikipedia/commons/thumb/1/15/Bandol%2C_France_-_panoramio_(7).jpg/320px-Bandol%2C_France_-_panoramio_(7).jpg.Author cosmopolitan-views

-https://upload.wikimedia.org/wikipedia/commons/thumb/c/c2/Bandol%2C_France_-_panoramio_(17).jpg/320px-Bandol%2C_France_-_panoramio_(17).jpg.Author cosmopolitan-views

https://commons.m.wikimedia.org/wiki/File:Bandol,_France_-_panoramio_(18).jpg.Author cosmopolitan-views

-https://upload.wikimedia.org/wikipedia/commons/thumb/5/57/Bandol%2C_France_-_panoramio_(14).jpg/1280px-Bandol%2C_France_-_panoramio_(14).jpg.Author cosmopolitan-views

-https://commons.m.wikimedia.org/wiki/File:Nice_Tramway_Carte_2020.svg.Jesmar

-https://upload.wikimedia.org/wikipedia/commons/thumb/5/54/Monaco_map.png/829px-Monaco_map.png Burmesedays

Printed in Great Britain
by Amazon

40605316R00069